名师名校名校长

凝聚名师共识
回应名师关怀
打造名师品牌
培育名师群体
程明道题

爱与教育同行

一位班主任的教海探航

刘顺宜 / 著

中国出版集团　现代出版社

图书在版编目（CIP）数据

爱与教育同行：一位班主任的教海探航 / 刘顺宜著
. —北京：现代出版社，2022.4

ISBN 978-7-5143-9848-9

Ⅰ.①爱… Ⅱ.①刘… Ⅲ.①中学—班主任工作—研
究 Ⅳ.①G635.16

中国版本图书馆CIP数据核字（2022）第054210号

爱与教育同行：一位班主任的教海探航

作　　者	刘顺宜	
责任编辑	窦艳秋	
出版发行	现代出版社	
地　　址	北京市安定门外安华里504号	
邮政编码	100011	
电　　话	010-64267325　64245264	
网　　址	www.1980xd.com	
印　　制	北京政采印刷服务有限公司	
开　　本	710mm×1000mm　1/16	
印　　张	9.75	
字　　数	156千字	
版　　次	2022年4月第1版　　2022年4月第1次印刷	
书　　号	ISBN 978-7-5143-9848-9	
定　　价	58.00元	

目 录
CONTENTS

第一篇

以生为本，牢记初心，提升班主任塑造力

如何塑造一个积极向上的班集体 ……………………………………… 2

浅谈运用德育生态理论缓解全媒体时代带来的德育压力 …………… 6

活动育人理念下的班级文化建设策略——以萤火班的班级文化建设为例 …… 11

开展网络主题班会课的优点 …………………………………………… 16

班主任如何开展班级德育工作研究 …………………………………… 19

如何开展一次成功的家长会 …………………………………………… 24

浅谈开展"高中生涯教育"主题家长会研究的意义 ………………… 29

高中生涯教育中如何发挥家长的作用 ………………………………… 32

第二篇

书海求索，阅读寻根，提升班主任思维力

尊重是第一要务——《窗边的小豆豆》读后感 …………………… 38

班主任必备的工具书——《中小学德育工作指南实施手册》读后感 …… 41

重新梳理和审视班主任工作——《班主任一定要面对的9个问题》读后感 …… 43

在阅读中成长——读《中小学班主任常见疑难问题解决方略》有感 …… 46

让班主任工作更自信——《班主任工作中的心理效应》读后感 …… 49

小故事，大启发——《哈佛家训》读后感 …………………………… 52

融合的力量——读《魅力班会课（高中卷）》有感 ………………… 54

正面对待心理问题——读《少有人走的路：心智成熟的旅程》有感 …… 56

第三篇

学习体会，成长摇篮，提升班主任探索力

讲座学习——拓宽视野·厚实根基 ·· 60

名师引领下的专业化发展——2015年第六期广州教育大讲坛培训有感 ········· 60

借理论找方法——听刘永志老师讲座有感 ································ 62

活动促成长——听《搭建共育平台，实现家校双赢》讲座有感 ··········· 64

体验促进认知，感悟触动心灵——《体验式主题班会课模式》讲座有感 ··· 66

班主任的幸福感——听王家文老师《素材型班会课》有感 ············· 68

做有温度的教育——听玉岩中学熊峰老师讲座有感 ··················· 70

教育是人对人的影响 ·· 72

主题班会课——乐教善导·让爱发声 ·································· 74

用心做教育的班主任最美——"学会改变的你最美"主题班会课活动方案 ··· 74

育高素质劳动者，造积极幸福人生 ···································· 78

重新找到方向——"梦想，从心启航"主题班会课听课有感 ············· 81

给学生更多的自信体验——"爱相随，青春期与父母的沟通"主题班会课感想 84

帮助学生建立和谐的人际关系——"换位思考，从心出发"听课感想 ······ 88

为德育教育开辟一条新途径——"冲刺高考，携手共赢"听课感想 ········ 92

学会感恩，学会爱——听"爱，从感恩开始"有感 ····················· 96

学会爱，学会如何爱——听陈志华老师主题家长会有感 ··············· 99

教学研讨——教师情怀·收获智慧 ··································· 106

教育追梦的快乐——参加万少芳工作室活动有感 ··················· 106

站在学生视角，增强同理心意识——南沙区第一期班主任工作研讨活动心得 108

向阳追光——参加番禺区第74期班主任工作研讨活动有感 ············ 110

研讨学习：主题班会课要注意的问题 ································ 112

第四篇
爱的元素，教育情怀，提升班主任责任感

班主任工作中"爱的元素" ………………………………………… 116

善用心理效应对学生进行教育 …………………………………… 121

用关心和爱心让学生交出真心 …………………………………… 123

离异家庭问题孩子如何教育 ……………………………………… 125

引导内向胆小的孩子走向进步 …………………………………… 127

第五篇
扎根课堂，实践感悟，提升班主任创造力

明确标准，提高效率——"萤火班学法指导"教学设计 ………… 132

无规矩不成方圆——"格致班生日会暨班规的制定"教学设计 … 135

开启逆袭之旅——"开学第一天"教学设计 …………………… 138

军训色彩——"不一样的生日会"教学设计 …………………… 142

了解自己——"性格与职业"教学设计 ………………………… 145

了解自己——"气质与职业"教学设计 ………………………… 149

①

第一篇

以生为本，牢记初心，
提升班主任塑造力

　　多年担任班主任的经历，在一定程度上让我形成了某些惯性思维，无论何时何地，常常会不自觉地捕捉到管理班集体的妙招，建立一个积极向上的班集体的方法等，并付诸实践。我想，这也是我每次担任班主任的班级均能取得良好成绩的一大因素。

如何塑造一个积极向上的班集体

　　班主任工作千头万绪，琐碎复杂。班主任不是总理，看着比总理还忙；班主任不是总统，看着比总统还酷。班主任是出色的演员，一会儿板脸教训学生，一会儿又笑脸安慰学生；班主任还是破案的侦探，是保姆，是慈母，是严父，是大哥哥，是大姐姐，是火山，是温泉，是狂风，是细雨，是高山，是小溪，是催化剂，是美容师……虽然我的班主任工作年限不是很长，但是我一直都很关注如何去管理一个班集体、如何去建立一个积极向上的班集体这方面的信息，这也是我每次担任班主任的班级都能取得比较好的成绩的原因。我认为要当好班主任，关键是要懂得如何去塑造一个积极向上的班集体。下面以我刚带完的高三（1）班为例，谈谈我是如何塑造一个积极向上的班集体的。

一、班主任要调整好自己的心态

　　我觉得作为班主任，首先自己要用心去对待学生，要把学生当成自己的半个孩子。学生，就算是高中的学生，他们的思想还是比较幼稚的，只要是孩子，就会有犯错的时候，他们是在犯错中不断地进行调整成长的，因此，作为班主任就应该以宽容的襟怀去对待每一个学生。请想想当我们自己的孩子调皮捣蛋的时候，我们是以什么态度去对待他们的呢？我觉得，班主任如果能用对待自己孩子的态度来对待学生的进步或错误，那么在学生的心里，他们就会感受到父母般的关爱，这大概是学生们（尤其是调皮捣蛋的学生）毕业后最难忘和最感恩班主任的原因吧。我经常跟学生讲，如果老师不在乎你，那么他根本不会批评你和责罚你，所以你一定要带着一种感恩的心去接受老师的批评。另外，我们不要以为学生不懂得你对他是真好还是假好，所以不要伤害学生的感情，因为我们大家都伤不起。请用心去对待你的每一个学生，无论他是很调皮捣蛋还是很乖巧听话，因为这个社会并不是读书好将来就一定混得好，要用发展的眼光去看待学生。

　　我班有个学生平时学习成绩很好，但是高考前几天可能是压力太大，出现了气胸，俗称肺穿孔，住院的时候已经非常严重。如果按照往常，他就不能高考了，要推迟到下一年，这意味着一年的努力都白费了，那对这个学生来说是多么大的打击啊！当时，我去中心医院咨询他的主治医生，医生说如果他情况没有变严重，就可以插着管带着瓶子去考试，但是必须先办理出院手续，等考完试再住院。我马上联系了学校的领导，由领导再联系考场，于是给他一个特许，就是考试的时候，我可以用汽车载他到考场，他妈妈也可以进教师休息室等候，万一有什么情况，立即接送医院治疗。于是高考的两天，我是每一场考试都去他家接他到考场，考完再送他回家。最后，这个学生顺利考上了专A线。很多老师不明白，说："学生可以明年考啊，你为什么那么执着啊！"我说："要是你的孩子，你愿意看到他一年的努力白费吗？要知道复读的心理压力是很大的。"虽然这不算什么，但是我觉得我是用心去对待我的学生的，他们也是能感觉得到的。

二、要让学生热爱自己的班集体

当接手一个新班的时候，就要让学生把班集体当成一个家来经营，把班集体的荣誉当成自己的荣誉，并对学生进行爱班教育，公平对待每一个学生，不要给学生贴标签，让学生有一个新的开始。

我刚接手高三（1）班的时候，学生当时的情况是这样的：高二时，他们的班级十项评比（我们学校对班级的量化手段）几乎每一个月都不上90分，也就是每个月都不能得到文明班称号，他们自己都觉得自己班就不如别人班，他们有一种被抛弃的感觉。我给他们上第一节班会课的时候，就告诉他们：大家有缘聚在一起，就是一种缘分啊，大家都不希望毕业的时候，没有东西值得我们去骄傲和回忆吧。其实我们可以做得更好，让我们一起把这个班集体建成一个全新的班集体吧。学生问我，怎么建立？我就说："以后你只要记得一点，把高三（1）班当成自己的家，爱自己的家。怎么爱？就是你无论在哪里，你站出来就不是代表你自己，而是代表高三（1）班。当你迟到的时候，你头发不合要求的时候，你没有做好卫生清洁的时候，你的晚修纪律不好的时候，你在集会说话的时候，不是你的荣誉受损，而是你家的荣誉受损了。如果每个学生都能做到这一点，那么我们班集体肯定能变得更好。"然后我告诉他们："我从来不看学生的从前，我只看学生的现在，我不会给你们贴标签，记住，标签是你现在自己贴上去的，老师不会用有色眼镜去看学生，起码会使你们觉得可以有一个新的开始。"之后，我对学生犯的错误或班上存在的问题，都用一种态度去解决，你觉得你现在代表的是谁，是你自己还是你的家？

例如，学生在课室随地扔垃圾，我就问他们："你们在家里也这样吗？想想当你的朋友进入你家的时候，看到满地都是垃圾，是什么感受？学习不好，是能力问题；行为不好，是品德问题，我相信我班的学生都是品行很好的学生。"之后，基本不会有乱扔垃圾的行为。事实也证明，这一方法很有效，因为从此高三（1）班的十项评比，再也没有一次低于90分，两个学期的十项评比都排在高中组的第一名，校运会也获得高中组团体第一名，还获得区优秀班集体称号。

三、要增强学生学习的信心

我刚接手高三（1）班的时候，大多数学生都觉得自己没有希望考上大学，因为该班是个普通班，班上的学生在级里排位都比较低，学生的高考应试情绪都比较低落。为了鼓舞学生的斗志，重拾高考学习的信心，我告诉他们："不要以为自己进了普通班就没有希望了，因为我第一届的高三（7）班，分班的时候，进入级里前200名的只有5个人，全班择校生21人，但是他们通过自己的努力，考得和重点班一样好，全班上重点线1人，本科线12人，省大专线16人，总上线人数29人，上线人数跟重点班一样。当然，他们的努力也值得你们学习，当时早上5点到课室看书的就有十几个人。"经过这个例子的启发，学生迎战高考的信心大大增强，学习勤奋，努力拼搏，成绩不断上升。经过一年的努力，高考成绩出来了，他们自己都不相信自己的眼睛，全班47人，上本A线2人，专A线25人，总上线人数也是27人，除此之外，还有3人是被单招去了。所以，我们要相信学生是可以的，就算是再差的学生只要有了信心和动力，就有发展的潜力。

我们也可以经常用一些激励性的话语来鼓励学生。我在班上专门挂了一个小黑板，上面写着"每日寄语"，打印了很多激励性的话语。例如，"站在新起点，迎接新挑战，创造新成绩""如果要挖井，就要挖到水出为止""与其用泪水悔恨今天，不如用汗水拼搏今天"等，让宣传委员每天帮我换一句。虽然这样的话语对所有学生可能起的作用不大，但是我们相信总有那么几个学生在想放弃的时候，抬头看到这样的话语，会突然醒悟过来，那么，我们做这个工作就是有意义的。

我们还可以用喊口号的方式来让学生充满信心。广州一模后，大部分学生都出现了疲态，根据以往的经验，谁能从这个时候熬到高考，谁就能取得胜利。于是，我就为班里弄了一段激励的口号，贴在黑板上，让班长每天在早读、午读和晚修前带领所有的同学一起高喊口号。有些老师认为这有用吗？但我觉得至少他们每天都在跟自己肯定"我是可以的"，对将要进行高考的学生来说，这是很重要的事情。考试除了考知识外，还考心理、考信心。所以，班主任可以用这种方式来激励我们的学生。当时我们（1）班和（2）班每天都在比赛谁喊得更大声呢。

四、要让学生信任所有的科任老师

大家都应该知道，学生时代的情感会很内敛，他们对老师的喜、恶会很大程度影响他们学习的态度。如果学生对科任老师不尊重，会使科任老师上课不起劲儿，这样恶性循环，学习成绩是绝对不可能提上去的。所以，我习惯了接手一个班，先让学生相信教他的老师是最棒的老师，无论科任老师的真实水平如何，我都会把他说成是很好的。怎么说？我会告诉学生："我今年对我们的科任安排非常满意，你看我们的英语老师已经连续六年教高三了，我们的语文老师也是有多年的高三经验的，我们的数学老师就不用说了，重点班的班主任，是我第一年来教书时的级长，有多年的高三经验，我们的语、数、英老师都同时教重点班和我们班，可想而知，学校对我们的期望有多高啊！再看看我们的化学老师，不但有高三和初三经验，而且还是位年轻漂亮的女教师；我们的生物老师虽然是新老师，但是按照以往的经验，这样的老师最敬业。在这批老师当中，最糟糕的就是你们的物理老师我啦——没能力，而且不年轻、不漂亮，所以，我对我们这个班充满信心，以后大家一定要跟着我们的科任老师转哦，否则，你们就吃亏啦。以后你可以对我不尊重，可以当面顶撞我，但是不允许对我们班任何一个科任老师不尊重，知道吗？"就这样，这个班的学生跟着科任老师转了一年，努力了一年，成绩一天一天进步，也没有发生不愉快的事情，科任老师基本上都很喜欢在我们班上课。我觉得给班里营造这样的良好学习氛围是很重要的。

五、要建设一支高效率的班干部队伍

人们常说"好孩子是夸出来的"，而我觉得好的班干部也是夸出来的。与小学或初中的学生不一样，高中的学生根本不愿意当班干部，所以愿意当班干部的学生已经是非常有义气的学生了。在高三的一年，我没有换过班干部，都是沿用他们原来的班干部，所不同的是，我会经常有意无意地在别的学生面前去夸奖我们的班干部，也会在私底下跟他们聊的时候对他们的优点进行肯定。人都是一样的，喜欢受到别人的表扬，而且如果这种表扬是通过第三者转告的，其效果会更好，学生更喜欢后者，所以我们要利用学生的这种心理，肯定班干部的优点，再提出他们的缺点，这样，他们才会努力改变自己，努力完成你交给他们的任务。

当然，班主任工作包括多个方面，工作方法也有很多，但是，我认为如果一位班主任能懂得如何去塑造一个积极向上的班集体，多想办法去鼓励我们的学生，那么班主任工作的开展就能取得事半功倍的效果。

浅谈运用德育生态理论缓解全媒体时代
带来的德育压力

随着信息时代的发展，以电脑和手机为载体，以微博、微信、QQ等为表现形式的全媒体已逐渐走进当今的学生世界。全媒体对于中小学生这一群体影响更为明显，因为他们是一个心智尚未成熟的群体，极易受外界影响形成错误的世界观、人生观和价值观。而全媒体中又包含着很多对德育和智力发展的不利因素，这些因素主要表现在以下几个方面：第一，信息量庞大，信息渠道多样，学生无过滤吸收，媒介传播的暴力色情信息危害他们的身心健康，有些甚至因此走上犯罪道路；第二，学生沉迷虚拟世界，无法自拔，导致与他人交往能力和沟通能力减弱；第三，依赖图像信息，减少阅读兴趣，遇事搜索，思维简单化、平面化，造成思维惰性，有些学生甚至利用手机进行作弊；第四，学生不懂得自我约束，耗费过多时间，影响学业。

因此，很多中小学的管理者特别是班主任，鉴于全媒体带来的不利影响，开始采取"限制使用"来加强管理，甚至开始制定"校规""班规"，限制或禁止学生在校期间使用手机，或实行"封闭式管理"，禁止学生外出，限制学生上网。但是，这种管理办法带来的管理效果往往适得其反。种种事情告诉我们：不管教师持什么态度，采取什么方式应对，全媒体时代已经到来；全媒体是新生的事物，是信息技术发展的趋势。学校和班主任一味地排斥它，视之为洪水猛兽而围追堵截，不行；放任它，让它在学校和师生中泛滥，也不明智。作为德育工作者来说，一定要明白，对于全媒体带来的不利影响，我们不能堵，只能疏。

那么，作为德育工作者，如何才能对全媒体进行疏导呢？我认为，要真正解决这个问题，我们应该运用德育生态理论去提高学生的道德认知能力和选择能力。德育生态理论主要借用生态学、教育生态学原理，遵循道德品质养成规律，重视建构德育生态环境和发挥学生的道德主体作用，运用环境的力量来影响和引导学生的道德心理与行为，以提高学生的道德认知能力、选择能力和生态发展能力。要运用德育生态理论提高学生的道德认知能力和选择能力，我们可以从以下几点入手。

一、整合德育生态系统的诸因子，构建良好的德育生态环境，促进德育效能的最大化

德育生态环境包括学校环境、社会环境、家庭环境以及网络环境。个体的发展不是孤立地进行的，而是在与他们的家庭、学校、社区和网络的关系中发展的，我们每一个人都生活在多个环境系统中，与他人和环境之间的交互作用是发展的关键。德育工作不能靠德育生态中某个因子，要向德育各因子全方位拓展，由一元演进为多元，由封闭转变为开放，应当促成包括德育主体之间的平等互动，德育因子之间的协调互动，德育系统与外在系统的渗透互动等，形成个体、家庭、学校、社会和网络的整体互动，形成德育的环境网络和整体合力。在这个整合过程中，学校尤其是班主任应该主动与家庭和社区联系，通过优化网络平台（微博、微信、QQ），建设绿色网络，倡导文明上网，重视引导与导向，营造健康向上的网络文化氛围，为学生创造真诚交往的心理气氛，创设多层次、多种类的交往机会，以及提供互动共生的成长体验，以提高学生的道德认知能力和选择能力，从而提升学生的道德品质。例如，我们学校会采取多种形式与家长和社会沟通。我们会请主管法制教育的副校长来给全校师生进行法制讲座；我们也会请家长进入课堂，尤其是进入我们的班会课，让家长跟学生面对面沟通；我们学校也建立了一个庞大的义工团，经常跟区里的义工团一起搞活动，让学生有更多的社会实践；班主任基本都为班级建立了微信群和QQ群，让学生和老师们在课外可以更深度地交流。事实证明，这些做法非常有效：我们学校师生的犯罪率年年为零，学生和老师家长关系融洽，几乎没有因沉迷网络而荒废学业的学生。

二、坚持以人为本的德育观，教师与学生平等深度对话

传统的德育理念是非生态的，其表现为：长期以来，我们总是一厢情愿地给学生灌输各种道德教条，逼迫学生只能这样，不能那样，丝毫不给学生自主辨认选择的权利。在我们的潜意识里，学生就是受教育者，只能被动接受、盲目服从。德育生态理论认为：学生是一个有头脑、会思考的生命个体和学习主体，是不能任我们当作泥巴捏来捏去的，道德的养成发展是有规律的，是不能任我们恣意妄为的。遗憾的是，我们由于种种原因没有给学生独立思考、展现自我个性的机会和权利，导致学生道德的认知和选择能力低下。因此，作为学校尤其是班主任，一定要坚持以人为本的德育观，通过自己的道德意识、知识水平、精神风貌、经验情感与学生进行深层次的交流、互动，引导学生对自己的学习、生活进行反思，主动理解、内化

道德规范，使学生产生更高更好的道德愿望和生活向往，促进学生良好品德的养成与提升，从而获得长足的自我发展。例如，教师可以通过微信和QQ等交流平台，提出一些关于道德的问题，鼓励学生对问题发表自己的看法，并通过平等互动的交流和热烈的讨论，最终引导学生形成正确的行为方式和价值观。只有这样，学生才能有足够的道德认知能力和判断能力去抵挡全媒体中各种不良的诱惑。

三、重视熏染与陶冶，加强校园文化建设

德育生态环境以熏染、陶冶的方式对个体的思想道德发展施加影响，其影响具有渐变性。墨子说："染于苍则苍，染于黄则黄，所入者变，其色亦变。"（《墨子·所染》）意思是缟素浸润于染料之中，其颜色必将与所染之色趋同，这是一个逐渐发生变化的过程。德育生态环境自然地"散发"自身的教育信息，通过逐渐地渗入而促使个体的思想和心灵发展变化。如管子所言："渐也，顺也，靡也，久也，服也，习也，谓之'化'。"（《管子·七法》）这是一个缓慢渐进地影响、渗透，持续不断地琢磨、陶冶，逐渐适应、习而不觉的"化"的过程。因此，加强校园文化建设，打造生态型校园环境对学生道德水平的提高有着非常重要的作用。德育生态理论要求加强校园文化建设需要坚持以下几个原则。

（1）不仅要建设高品位的校园物质环境，营造积极健康的校园精神环境，更要创建完善的校园内部环境，规范各种规章制度。

（2）校园环境建设还要注意与社会环境、家庭环境和大众传媒环境接轨，构建整体优化的教育大环境。

（3）不同地区、不同层次的学校环境建设应体现出不同的特色，具有个性化特点。

（4）文化校园的创建"不是一朝一夕的具体工程，而是整个教育体系的重大变革，它需要系统的、持续的理论探索和实践推进"。

那么，如何根据这四个原则去建设我们的校园文化？作为班主任的我们可以建议学校在教学区明显的位置张贴"禁用手机"的标志，在电脑室发出文明上网公告，在图书馆悬挂关于读书有益的横幅，在校道上建设文化长廊，在班级里搞个性化班级建设……这样，学生的道德水平在良好的校园文化氛围中得到提高，达到润物细无声的效果。

四、提高德育实践活动的品质，优化学校德育生态化实践的基本载体

实践活动是学校德育的基本载体，个体的道德成长是通过实践活动实现的。

对此，我们应当根据受教育对象的个体差异、成长状态和成长需要策划德育实践活动，根据不同主题设计丰富多彩的德育实践活动形式，形成学生与学生互动、教师与学生互动、教师和学生与社会互动的实践活动新样态，推动学生积极融入班级活动、学校活动、社团活动和社会活动，与人合作，发挥主动性，才能使学生在德育实践活动中获得真实体验和道德水平的自我成长。因此，提高德育实践活动的品质尤为重要。学校的德育工作者尤其是班主任应该主动建立持续连贯、内在统一、科学有效的学校—家庭、学校—社区、学校—社会、学校—企业等合作关系，主动寻求社会力量的支持和服务，形成有利于学校德育实践活动开展和学生健康成长的社会合力，提高德育实践活动的品质。例如，我们可以组织师生和家长参加区的"慈善健康行"；我们可以组织学生去认领土地种菜；我们可以开展阅读比赛活动；我们可以建立包括航模、机器人等多个学校社团，以丰富学生的课余生活……这些实践活动不但培养了学生的动手能力，而且能让学生在实践中体验生活的种种艰辛或者美好，从而提高他们的道德修养。参加课余活动多了，学生沉迷网络的时间和兴趣自然就会少了，从而达到良好的教育目的。

五、上好主题班会课，充分运用好学校德育教育的主阵地

主题班会课是学校实行德育教育的主阵地，也是学生德育提升的最直接、最有效的活动形式之一。所以，班主任在设计主题班会课时，应基于对本班级学生成长需要的系统认识，根据具体的情境形成活动主题，再根据不同的主题做出相应的策划，开发基础性资源。在实施过程中，不同于传统的表演性、走过场的活动形态，德育生态理论要求班主任在主题班会课中必须推动生生互动、师生互动的活动新形态。班主任要让基于不同主题、不同成长状态的学生的需要而设计的活动策划类和过程中的问题解决类、汇报类等不同的主题班会课形态丰富起来。例如，我们学校的老师为了提高班上学生的道德认知能力和判断能力而设计了一节名为"人性之美vs道德绑架"的主题班会课，让学生以"世界咖啡"的形式进行讨论交流，引导学生关注"道德绑架"，明白慈善不只是富人的事情，提倡学生用心发现身边的天使，从而让学生区分人性之美与道德绑架。这样的主题班会课，才能满足学生成长需要，促进学生生命成长，促使学生生成更高水平的道德观去抵制网络中诸多不良信息的冲击。

当然，以上所提到的几点不能涵盖利用德育生态理论解决全媒体时代带来的德育压力问题的所有方法，在这里，只是提出几点做法仅供大家参考。

参考文献

［1］徐海祥.德育生态论视阈下的思想政治理论课教学［J］.黑龙江高教研究，2010（3）.

［2］刘运喜.德育生态与和谐德育关系探析［J］.辽宁教育研究，2008（10）.

［3］刘运喜.论树立德育生态理念［J］.前沿，2010（5）.

［4］苏晓红.民族地区高职院校德育生态化的建构［J］.教育与教学研究，2013（4）.

［5］冯秀军.现代学校德育环境的生态建构［J］.教育研究，2013（5）.

［6］周晓莹，程东旺.背景发展理论视阈下高校德育生态化实践路径体系构建研究［J］.现代教育科学，2012（4）.

［7］李伟胜.班级德育生态建设的实践路径［J］.思想理论教育，2006（1）.

［8］王光仑.论新媒体手段在中职班级管理中的运用［J］.中国教育信息化，2014（17）.

注：本文是广州市南沙区教育科学规划课题（课题批准号：NSKY2016020）的成果之一。

活动育人理念下的班级文化建设策略

——以萤火班的班级文化建设为例

文化是人们思维方式和行为方式的总和。班级是学校教育教学最基本的单位。班级文化是班级所有或部分成员共有的信念、价值观、态度的复合体，它是一个班级的灵魂，是每个班级所特有的。班级文化建设是学校德育工作中重要的一环。如何进行班级文化建设，是每个班主任的共有问题。我在进行班级文化建设的摸索中发现，通过精心开展班级活动，可以达到意想不到的效果。

当然，思想上的深刻认识和认同很重要。《中小学德育工作指南实施手册》指出："活动是中小学开展教育教学的重要形式，也是学生道德形成和发展的重要途径，更是学生喜欢的一种学习方式。在活动中，学校要充分激发学生参与的积极性，充分挖掘活动的教育意义，这样学生的道德情感就会在潜移默化中发展。"班主任一定要充分认识并认同活动育人是德育途径中的一个重要组成部分，班级文化建设离不开活动，通过充分挖掘德育资源、精心设计丰富多彩的活动，可以引导并培养学生良好的思想道德和行为习惯。班主任只有深刻认识和认同这个理念，才能真正用心去设计每一个班级活动，进行班级文化建设，从而达到育人的目标。

下面谈谈我是如何运用活动育人理念进行班级文化建设的。

一、先集中后民主，确定班级的显性文化

班级活动要体现班级文化，而班级的显性文化包括班名、班徽、班歌和班规。这些显性文化的确定可以有三个途径：班主任提出、学生讨论生成和班主任与学生共同讨论生成。而我习惯先集中后民主的方式，这样更能把握好方向。

班名可以反映班主任对学生的美好期望，是班级以后发展的方向，由班主任提出来没有问题。我班的班名是萤火班，我希望班上每个学生都是小小萤火虫，用自己的优点发出微光，照亮别人，微光吸引微光，然后一起发光。提出了班名后，我马上开展班徽和班歌的征集活动。通过几周的收集和整理，我召开了"班徽班歌投

票活动"，由学生自己选出喜欢的班徽和班歌（TFBOY的《萤火》）。活动反响热烈，尤其是选出了班歌后，大家都迫不及待地唱起来，还决定元旦文艺表演时我们班就合唱班歌。

之后，我让广告公司给我们做了个有班徽、班名的班牌，学生把它挂在课室外面，特别高兴，说明学生已经从心里认同了萤火班，这为后面班规的制定奠定了很好的基础。于是我趁热打铁，设计了表格，让学生从学习（课堂、晚修、作业、活动、比赛）、生活（仪容仪表、宿舍纪律）、卫生（教室卫生、宿舍卫生）、两操（早操、眼操、集会）四大方面去写自己心目中的班规。班规资料收集上来后，这次我大胆放手，让班干部去整理并开展了"我的班规，我做主，我执行"的主题班会课活动，全程由班干部和学生自己讨论投票形成班规。

这种先集中后民主的方式不但能让班级活动开展循序渐进，也让班级显性文化在活动中慢慢形成。在这个过程中，学生的民主意识以及组织能力都有了相当高的提升。

二、结合节日，培养家国情怀和班级凝聚力（隐性文化）

班级文化中的隐性文化包括学生的生活态度、行为习惯乃至群体氛围、班级风气等，是更能强烈影响和改变人们思想行动的一种"力"。在班级文化建设中，提升学生的家国情怀应该是首要的（班级本身就是一个大家庭），而利用中华传统节日和重大节日开展班级专题活动是最有效的做法，这不但有利于学生家国情怀的培养，还有利于提高班级的凝聚力。

在萤火班建设之初，我利用中秋节开展了"庆中秋大食会"活动，让住宿的孩子（全班90%的孩子住宿）每人带点零食回来与大家一起分享，并且按照小组进行多人多足比赛，在欢声笑语中，学生感受到班级的温暖和同伴的互助，班级更有凝聚力，而且在活动后我大力表扬了一批清洁到最后的学生，班级的小小萤火虫开始发挥作用了。

在70周年国庆来临之际，我利用晚修时间在学校多媒体室，跟孩子们开展了"我和祖国共成长生日会"活动，以此来庆祝我们祖国的生日和班上9月份出生的6位同学的生日。活动由班长主持，包括了唱生日歌（梓静同学进行钢琴伴奏）、吃蛋糕、小组节目表演比赛、中华人民共和国成立前重要历史事件问答、合唱《我和我的祖国》以及《红旗飘飘》等环节。活动最后，学生明白"少年强则国强，我们应该有一分热，发一分光，就像萤火虫一样，在黑暗里发微光，微光会吸引微光，微光照亮微光，然后一起发光，这种光才能把压榨的阴霾照亮，不必等候炬火"的道理，班级隐性文化得到升华。

　　为了让学生懂得中国人团圆的意义，在冬至前，我利用隔壁的空课室组织了"包汤圆庆冬至"活动。活动得到了家委会的大力支持，几个家委除了帮忙准备食材外，还抽空来帮忙指导学生包汤圆。同学们跟家长、老师一起包汤圆、煮汤圆、吃汤圆，浓浓的父母之爱、师生之情、同窗之乐萦绕整个课室，冬天的寒冷都为之而消散。这次活动后的清洁工作是全班同学一起完成的，速度非常快，干净整洁，连级长都为我们班竖起了大拇指，这就是萤火虫一起发光的结果。通过一系列中华传统节日和重大节日班级专题活动的开展，班级的凝聚力得到了大大的增强。

三、巧借仪式，提升班级隐性文化的活力

　　借助各种仪式的教育活动能让学生懂得感恩、学会相处、树立榜样，从而让班级隐性文化更具活力。俗话说，生活要有仪式感。《中小学德育工作指南实施手册》中指出：仪式教育活动包括升国旗、团队重要仪式和入学、毕业、成人等仪式活动。实际上，仪式教育活动无处不在，只是我们缺乏发现的眼睛。

　　高一新生军训的第一天，我给了孩子们一个不一样的开端。我提前把课室清洁得干干净净，桌子上都摆上了写着学生名字的水牌，名字后面有要他们填写的内容：座右铭、爱好、最爱读的书、最擅长的事、新目标和最喜欢的两句励志语。级长在前一天经过的时候说像人大开会一样。我这样做的目的是让孩子们第一天到学校就有正式感。孩子都按照座位坐好后，我给每人发了两颗棒棒糖作为见面礼，寓意着"棒"和"甜"。为了缓解他们之间的拘谨，我们一起进行了"倒金字塔"认识法的破冰活动。大家在一片欢笑声中基本把全班同学都认个一清二楚。最后，我让他们在水牌名字后面填写他们的资料。这是第一次见面的仪式活动。这项活动不仅让孩子们以最快的速度互相熟悉，并意识到自己已经进入了一个新的有生命力的班集体，更让他们逐渐爱上这个班集体。

　　然后，在军训的第三天，我给8月份出生的10位同学过了一个不一样的生日会。刚认识的同学一起唱生日歌、一起许愿、一起切蛋糕，是多么难忘的仪式！在后面的每个月里，我都会为当月生日的学生庆生，这样的活动不仅让孩子们学会了感谢父母的养育之恩和师生的有缘相聚，并且让他们懂得了长大的责任。这样的仪式活动让班集体充满爱和关怀。

　　我还会在学生段考后举行隆重的颁奖典礼。我们一个学期有两次段考和一次期末考。我利用家委会筹集了一点资金，每次段考都会给班上总分前十名、进步前十名、学科前三名、进步小组和优秀班干部颁发奖牌与奖品。每个奖牌与奖品都是网上定做的或者贴上相应的文字，并邀请学校领导、家委、科任老师来颁奖、合影留念。这样的颁奖典礼，孩子们是特别期待和兴奋的。这样的仪式活动的开展其实就

是让这些萤火虫发的微光放大，更好地吸引更多的萤火虫一起努力发光。

学期快结束的时候，我开展了一个小小的感恩会，感谢各科任老师一个学期以来的辛勤付出，感谢级长一直以来对我们班的关照（级长下学期要到区发展中心上班了）。我利用班费给每位科任老师和级长买了一束鲜花，让科代表和班长代表全班同学献花，然后全班同学起来鞠躬高喊："老师，辛苦了！"科任老师都特别开心，这样的仪式活动让孩子们懂得感恩从身边做起、从我做起。

四、结合学校体艺活动，增强班级荣誉感和文化精髓

结合学校大型体艺活动开展班级活动，能提升学生班级荣誉感，努力发光，班级文化精髓在活动中进一步提升。每个班级都是学校这个群体里的一个小单元，都少不了要参与学校开展的大型体艺活动。聪明的班主任会结合学校这些活动的开展来提升班级文化的精髓。

在一年一度的校运会中，我就积极动员那些对自己没有信心的同学去报名，告诉他们，尽力比赛就好，结果是次要的，在我的软硬兼施下，我班的每一个项目都报满。在我和班干部的组织与鼓舞下，持续两天的校运会在热情的太阳照耀下进行，运动员们顶着超过34℃的高温去比赛，最终取得了高中组第七名的好成绩。在这个过程中，师生之间有失败后互相鼓励的瞬间；有取得成绩后一起欢呼的瞬间；有生病还继续坚持跳跃的身影；有摔倒了爬起来继续往前的脚步……这些不就是我们身边的萤火虫吗？在校运会后，我进行了隆重的颁奖仪式，表扬了为班级服务的所有同学和为班争光的所有运动员，让这些萤火虫发的光更明亮。校运会不但让孩子们懂得相信自己、努力、坚持是成功的必备元素，还让他们知道团结友爱能让自己的光亮更耀眼。

除了这个，学校的义卖活动也是能很好地锻炼班干部组织能力的活动。这个活动，我全程交给班干部去开展，我只做指导并负责在家长群里"点火"。班干部发动、组织、分组和实施。最后在家长和孩子们的共同努力下，我们班的义卖款全校排第五名，获得了"优秀组织奖"的称号。这样的义卖活动，既能培养学生的社会责任意识，还能锻炼学生的组织能力，好好利用，会收到意想不到的教育效果。

还有就是元旦文艺会演了，从确定节目到海选进入决赛，最后到真正比赛获二等奖，无一不体现出班级文化精髓的提升。学期最后一天是年级的美术节、拉练和年级生日会，从头到尾都体现出班级懂得感恩、团结向上、不畏艰辛、勇于承担的精神，处处体现出萤火虫的发光精神，尤其是在拔河时绳子断了好几个同学摔伤的情况下，大家互相帮助、互相支持的精神面貌让人特别欣慰。

五、把握突发事件的契机，建立良好的班级氛围

在班级管理中，少不了出现突发安全事件和突发事件，怎样通过这些事件增强学生的安全意识、应变能力和自律意识，其实也是班级文化建设的一部分。通过分析事件，我们可以发现相当一部分发光的萤火虫，然后让这些萤火虫的行为吸引更多的萤火虫，从而营造"安全伴我行，应变促言行，自律在心中"的良好班级氛围。

2020年的寒假是一个特殊的寒假，在"停课不停学"的号召下，大家都宅在家里上网课。但是网络学习中会存在不少的问题，如班干部对网络学习怎样开展工作无所适从，同学们在家里不能做到自律等。因此，我及时通过一系列网络主题班会课活动对学生进行应变能力和自律的教育："心系疫情，争发微光"（萤火班）的网络班会课、"萤火班一周网课小结"和"疫情下的生活教育——萤火班宅家厨艺大比拼"……收到相当不错的效果，其中"心系疫情，争发微光"（萤火班）的网络班会课设计发布在我的公众号上，到目前为止，浏览次数已经超过2800人次。在这些网络班会课活动中，我利用正面引导，让学生意识到在非常时期，我们更应该发挥萤火虫的作用，努力发光。这样的网络班会课活动不但增强了孩子们的家国情怀，还能提高他们的学习意识、应变能力、自控能力和自律意识。

因此，突发事件其实是促进学生成长的很好契机，班主任如果能及时把握，会收到意想不到的效果。

从以上五点中我们可以看到，在活动育人理念下开展班级活动是进行班级文化建设的一条重要途径。以上是我在践行过程中的一些做法，希望能跟大家一起探讨。

参考文献

教育部基础教育司.中小学德育工作指南实施手册［S］.北京：教育科学出版社，2017.

开展网络主题班会课的优点

如果说校园以及班级是学生真实的生活空间，那么网络以及移动终端所构建的生活空间则是学生在虚拟社会中的生活空间。随着社会的发展，"数字化生存"已逐渐成为学生主流的生活方式之一。作为网络社会的"原住民"，当代中小学生比成人能更快地适应和融入网络社会。然而，网络信息鱼龙混杂，学校既要积极利用网络资源开展教育活动，也要净化网络环境，为学生营造良好的道德成长空间。

作为学校中一个重要单元的班级，利用网络主题班会课进行班级德育教育势在必行。网络主题班会课是网络德育活动的其中一种形式。《中小学德育工作指南实施手册》中指出，文化育人包括校园环境、文化氛围和网络文化三大部分，其中网络文化又包括网络德育活动。作为网络德育活动的主要形式的网络主题班会课，在班级德育教育中具有非常多的优点，值得我们一起去研究探讨。我总结了一下，开展网络主题班会课具有以下几个要点。

一、时间灵活，利于特色班级文化建设的开展

上课时间灵活，可以弥补线下班会课课时的不足，既有助于及时解决班级中的紧急问题，还有利于特色班级文化建设的开展。

正常情况下，学校会安排每周有一节班会课时间（据了解，有些学校的毕业班连班会课也不开设）。但是，很多时候，学校的各项活动、年级的级会、表彰活动以及各种假期和假期后的补课，会冲掉一半左右的班会课课时，再加上学校规定的一些班级必须完成的任务，如禁毒、安全教育等教育任务又会冲掉班会课的一部分课时。所以，一个学期下来，其实真正能给班主任自己把握的班会课就是七节课左右的课时。对于烦琐的日常班级管理来说，这点时间往往是不够用的，更不要说要进行有特色的班级文化建设。许多班级突发事件或者班级待处理的紧急问题，班主任很多时候只能用下课短短10分钟或者在自己的学科教学中挤出时间来处理，可想而知，效果不尽如人意的同时也会影响正常的学科教学。因此，利用寒暑假和周末时间开展网络主题班会课，可以很好地解决线下班会课课时不足这一现实问题。

正因为网络主题班会课具有上课时间灵活这一优点，班主任不但可以及时处理班级日常存在的问题，还可以就这些问题开展较深入的专题研讨，让学生进行在线语音讨论或者跟帖，效果比班主任在课室"一言堂"或者有限时间的小组研讨往往更好。班主任还可以通过网络主题班会课进行班规和班训的讨论，学生可以充分利用网络资源去充实自己的观点，讨论的结果往往更深入，更能体现班级特色。

在2020年的网络学习期间，我就组织开展了不同主题且丰富多彩的活动，这样的网络主题班会课活动不但增强了孩子们的家国情怀，还能提高他们的学习意识、应变能力、自控能力和自律意识，强化了班级文化中的隐性文化。

因此，网络主题班会课开展时间灵活这一优点既有助于及时解决班级中的紧急问题，也有利于开展特色班级文化建设。

二、突破空间限制，可以开展线下班会课不能实现的教育活动，让班级特色大放异彩

学校教育很多时候受空间的限制，无法开展一些需要专业场地和器材的活动。但网络主题班会课可以突破这一限制，甚至可以做得有声有色。为了鼓励学生全面发展，我们也可以让网络主题班会课变成一个展示自我的平台，让所有同学一展才艺，展出最具个人特色的内容。2020年期间，我就组织我们班的同学进行了一次"萤火班才艺大杂烩"，让宅在家的孩子们有更好的平台展示自己发光的一面。这个活动中，有的孩子用漫画和手抄报的形式去表达对疫情的关注，有的孩子用唱歌和弹奏的方式去展现自己，有的孩子用朗诵美文的方式去表达自己，甚至还有的孩子通过小组小视频的形式展示（每个同学拍摄一段小视频，然后剪辑在一起）……我还组织"萤火班宅家厨艺大比拼"活动，让孩子们学做一道菜，并且用视频或图片的形式展示过程，班会课后通过问卷星在学生群和家长群中投票选出颜色搭配最好、最认真用心、看上去味道最好和难度最大四个奖项，收到相当不错的效果：学生们反响热烈、激情澎湃；很多家长反映孩子十六年来第一次下厨，感动得不得了，不断在家长群发图片和视频，整个家长群"炸开了锅"，最终问卷星收集了109人次（全班47人）的投票数据。这样丰富多彩的形式是线下班会课无法做到的，因为学校的场地和器材并不都能满足这些活动的需求，但是网络可以把所有孩子的活动空间联系在一起，从而打破空间的界限，让班级特色大放异彩，活动教育意义更加深远。

三、互动形式多样，可以促进师生交流，增进师生情感，更有利于走心教育的开展

网络主题班会课的互动形式多样，可以发语音，可以跟帖，可以视频，可以发表情包，还可以私聊。这样丰富多彩的互动交流形式可以更好地促进师生交流，增进师生情感。正所谓"亲其师，信其道"，当学生觉得班主任其实跟自己一样，有相同的爱好，发同样的表情包，给自己一个网络拥抱的时候，他们会更愿意把班主任当作自己人，从而更容易敞开心扉说心里话。这当中其实就是心理学里的"相似性效应"和"自己人效应"在起作用。所以，网络主题班会课丰富多彩的互动形式，会让班主任更亲近全班，增进师生的情感，从而更有利于开展走心教育。

四、发言约束较小，可以让班主任更了解学生意愿和班级情况，利于班级管理的有效开展

在网络主题班会课的互动中，因为不是面对面交流，学生可以放下平时在班主任面前的那种惧怕心理，放下在众目睽睽之下说话的心理压力，从而畅所欲言，所以，他们说的话更有代表性，更能表达他们心中的真实想法。有时候会发现，有些在班上从来一言不发的学生，也会在大家的发言中跟帖说出自己的观点。在这样轻松的交流环境中，班主任更能了解学生对问题的真实想法和对具体措施实施的意愿程度，从而对德育做出调整或者有针对性地进行思想教育，这更有利于班级管理的有效开展。

鉴于以上提到的开展网络主题班会课的几个优点，我认为，开展网络主题班会课非常有价值，它不仅是营造学生良好道德成长空间的要求，更是班级管理及时有效开展和班级文化建设蓬勃发展的需求。

参考文献

教育部基础教育司.中小学德育工作指南实施手册［S］.北京：教育科学出版社，2017.

班主任如何开展班级德育工作研究

班主任工作是学校工作中最复杂、最烦琐且又是最重要的一项工作。德育工作是班主任工作的基本内容和核心，也是班主任工作的重要保证。要做好这项工作，班主任如果只靠经验，只靠勤快，只靠蛮力，往往事倍功半。因此，开展班级德育工作研究势在必行。但是班主任本身就很忙，除了要搞好自己的学科教学以外，还要完成学校很多的班级任务。在繁重工作里，很多班主任往往无暇思考如何去开展班级德育工作研究。我认为，正因为工作繁重，我们更要站在一个更高的层次去看待班级德育工作，要对它进行深入研究，使德育工作研究应用于德育实践，为班级德育工作服务，从而达到事半功倍的效果，使自己从繁重的教育教学中抽身出来做更多的研究，促进教师与学生共同成长。这是一个良性循环过程。那么，如何开展班级德育工作研究？我认为可以分以下六步走。

一、方向与规划

班级德育工作有很多方面：班级文化建设、生涯规划、家校共育、精细化管理、自主管理……对于一个普通班主任来说，我们虽然每一方面都要懂一些，但是不可能面面俱到，各方面都很擅长。因此，我们必须要确定自己的研究方向。研究方向的确定可以从两个方面出发：一是从学生的需要出发；二是从自身的兴趣出发。例如，在带高一起始年级的时候，我认为学生到了一个新的环境，而且很多学生都没离开过家，现在一下子要住校，心里是既彷徨又期待的，最需要的是老师和同学的关心，他们更需要一个凝聚力强的班集体陪伴他们度过这一时期。所以，我就把班级文化建设的研究确定为这一年的研究方向，思考如何开展一系列班级活动，增强班级的凝聚力，从而培养学生热爱集体、勇于承担责任的品质；但是到了高一下学期末，因为学生需要按照自己的能力和兴趣重新选科分班，在这样的情况下，我认为职业生涯规划教育对学生来说更为迫切，因此，我会把职业生涯规划作为未来两年的班级德育工作研究的重点。这是从学生的需要出发去确定自己的研究方向。我也会从自身的兴趣出发去确定我的班级德育工作研究方向，例如，我对家校共育非常感兴趣，尤其对常规的家长会非常反感，因此，我曾花了好几年时间对"如何开展一次成功的家长会"进行研究，收获也不少，还曾经在区里做过讲座，受到不少的好评。无论班主任从哪个方面出发去选定研究方向，只要适合学生、适合自己、适合学校环境，就是很好的研究方向，即使不一定有很大的突破，但是在实践和研究过程中，班主任和学生一定会有很大的收获。

研究方向确定后，我们必须对研究进行规划：你打算花多长时间进行；这段时间可以分为几个小阶段，在每个小阶段中，计划做什么研究工作等。例如，我在决定开展班级文化建设研究后，就确定了这个研究的时间为一年，我把这一年的时间分成第一学期初、第一次段考前、第一次段考后、第二次段考后、第一学期期末考前、第二学期初、第三次段考后、第四次段考后、第二学期期末考前等小阶段，再结合学校的工作和班级情况开展破冰活动、确定班级特色文化（班名、班徽、班歌、班规）、庆祝国庆、生日会、义卖、家长会等一系列德育教育活动研究。当然，研究过程中少不了很多突发情况，如一些突发事件等，但是大致的研究规划是一定要有的，这样才能让班级德育研究工作有序进行，而不致流于形式。

二、阅读与学习

确定了研究方向和规划后，我们的研究不是凭空想象的，要有依据，通过大量阅读相关的书籍和文章，了解别人在这个研究方向上都做了什么，怎么做的，做到了什么程度，我们才能更好地开展研究。一方面，阅读可以提高我们对这一领域的认识；另一方面，阅读可以给我们的研究提供理论依据和方法。例如，我在确定了班级文化建设研究这个方向以后，阅读了很多关于班级文化建设和班级活动的书籍：教育部基础教育司的《中小学德育工作指南实施手册》、赵福江老师的《中小学班主任常见疑难问题解决方略》、贾高见老师的《做更专业的教育》和《小班级 大教育》、丁如许老师的《魅力班会课（高中卷）》、王家文老师的班会课素材系列丛书、吴小霞老师的《班主任微创意：59招让班级管理脑洞大开》、陈海滨老师的《优秀班主任60个管理创意》……为了开展学生职业生涯规划研究，我也阅读了不少相关的书籍和文章，其中包括林甲针老师的《高中生职业生涯规划与班级团体辅导》等书籍和杨潮英老师的《普通高中如何开展生涯教育的探索》等文章。每次阅读书籍或文章后，我都会在笔记本上做笔记，有时甚至会写读后感。通常我会在笔记本上把这本书的主要内容和章节记录下来，哪些地方可以学习参考，哪些地方可以做改进，并把相应内容的页码都一一做好标记，以便在后面的德育工作实践与探索过程中再次查阅。这些书籍和文章不但提高了我的班主任素养，还为我后面的班级德育工作研究提供了很好的借鉴。

除此之外，我们也可以通过参加相应的培训和聆听相应内容的讲座进行学习。例如，如果你对生命教育方面的研究感兴趣，除了可以阅读相关的书籍（如梁慧勤老师的《走进生命的教育——教练型班主任专业修炼》）以外，也可以参加相关教育机构组织的培训；如果你对心理学方面的研究感兴趣，除了可以阅读《班主任工作中的心理效应》等书籍以外，还可以聆听市、区组织的各种教育心理学的讲座。这些培训与讲座等，能很快提升我们在相应研究方向的专业水平，使我们的德育工作研究更得心应手。

三、思考与创新

阅读和学习都是别人的东西，我们要内化成自己的东西，必须通过思考。思考别人的教育理念自己是否认同，思考别人的德育研究思路是否适合自己学校的环境和自己学校的学生水平，思考如何去模仿运用别人的德育研究实践方法，思考如何规划整个研究过程……思考过后，才能在别人的基础上有所创新，从而提升研究的效果。例如，我在阅读贾高见老师的《小班级 大教育》这本书时，他开展的其中一个班级活动——"聆听心灵的颤动，分享班级带给我的幸福与感动"让我印象深刻，这个活动让学生学会感恩，学会珍惜彼此的友谊，在班级刚创建时或者学期结束时，作为班级文化建设的一个活动再适合不过了，会达到非常好的德育效果。我本来也打算在学期末模仿它开展一个类似的活动。但由于疫情，广州的高一年级5月中旬才复课。又因为复课后班级成员有所变动（年级分出了一个艺术班，有些孩子去了艺术班，而有些孩子又从别的班补充进来），为了让孩子们尽快适应并融入这个班集体，我马上组织复课一周后开展"聆听心灵的颤动，我和全班同学谈'恋爱'"的活动，所不同的是：我一方面利用学校的智慧课堂系统，要求学生提前写下一两件让自己感动的事在智学网上拍照上传，让他们有所准备；另一方面也让学生在活动中即兴发挥，并且他们送蜡烛的过程我都给他们拍照留念。活动的效果非常不错，孩子们在活动后的周记中纷纷谈论自己对活动的感受，班级凝聚力提高了不少。我们当时的活动也不是在课室中进行的，而是在图书馆，因为在课室会影响别的班级晚修。在组织开展这个活动过程中，我经历了"对书籍教育理念的认同—思考什么时间适合去实践—思考如何操作才能适合自己的学生和学校环境—思考如何操作才能让活动更有效果"这个过程，这其实就是模仿与创新交融在一起的过程。在这个过程中，我和学生都得到了成长，达到了德育研究的目标。

四、实践与探索

实践与探索其实和思考与创新几乎是同步进行的。阅读书籍和文章后，有了思考与创新，下一步肯定就是实践与探索，离开实践与探索，所有的思考与创新都是纸上谈兵，而在实践与探索的过程中，可能又会遇到很多临时的问题，要加以灵活改进。例如，作为一个起始年级的班主任，破冰是首要的任务。在阅读了相关书籍和聆听了来自南京的陈宇老师等几位专家的讲座后，我了解到了很多方式的班级破冰活动：大礼包派送、"倒金字塔"认识法、送扑克回家等，经过思考后，我在开学前一个月，买好了见面礼——棒棒糖；在开学前几天，把课室打扫得窗明几净，并且打印了孩子们的名字放在每个座位的水牌里；开学第一天，我给每位同学发了两颗棒棒糖作为见面礼——寓意着"棒"和"甜"。为了缓解他们之间的拘谨，我们进行了"倒金字塔"认识法的破冰活动。在实践中，我也不断探索，例如，水牌的前面写上学生的名字，后面空白部分可以加以利用，让学生把他们的爱好、座右铭、最喜欢读的书、最擅长做的事、新学期的目标、最喜欢的两句励志语（可自创）写在上面，除了可以让学生更快认识彼此，也能对学生起到一个时刻鞭策和提醒的作用。

五、整理与记录

做研究，必然要有研究的成果，要有成果，必须要在活动前后对活动过程做好整理与记录。正所谓"好记性不如烂笔头"，在工作繁忙的今天，因为事情太多，我们很容易会忘记自己做过的事，所以整理与记录是相当重要的。我的做法是，每一个活动都有一个相应的文件夹，以日期和活动名称命名，里面包括活动的所有资料：倡议书、PPT、照片、视频、学生的作品、学生活动的感受、家长群与学生群里对活动的评价和反馈截图……每次活动后，我都会对活动资料进行仔细整理。整理后就进行记录，我记录的方式是写美篇。写美篇的优点有三个：第一个优点当然是记录，把你开展的活动图文并茂地记录下来，还可以配以相应的视频，这其实就是研究成果的一种表现形式；第二个优点是可以及时把学生的在校生活分享给家长，从而让家长认同我的德育教育理念，为有效的家校合作提供良好的基础；第三个优点是可以让自己随时有资料在手，随时查阅和翻看，因为美篇可以在电脑终端登录，也可以在手机登录，非常方便。在进行班级文化建设这一年里，我撰写的美篇就有40多篇，受到了不少家长、学生以及同行的关注与好评。

六、总结与反思

整理与记录并不是研究的结束，班级德育工作研究最有价值的部分是在研究后进行的总结与反思。在研究班级德育工作过程中，学生和班主任必定得到不同程度的成长，把研究过程整理和记录下来的目的是总结与反思这样的实践与探索的效果以及改进的措施，形成文本，产生更大的辐射作用，从而让更多的学生和班主任受益。因此，总结与反思是研究工作中必不可少的一步，也是最重要、最难做的一步。班主任必须对自己一段时间以来所做过的事情进行归类与总结，并且做出相应的反思，提出更好的改进措施。在这个过程中，美篇就发挥了很大的作用，因为美篇本身也是成果的一种表达形式。我通常的做法是重新翻查美篇的内容，再利用已有的教育理论进一步对美篇内容进行归纳总结并形成文本。其实在实践与探索以及整理和记录过程中，之前阅读中所获得的理论就会跟实践不断碰撞出思想的火花，班主任的头脑里面就会不断地涌现出自己对所研究问题的看法和观点，这些看法和观点其实就是总结与反思。把它们写下来，就形成了相应的研究论文。我在开展班级文化建设研究的这一年里，就形成了两篇研究小论文：《开展网络主题班会课的优点》和《活动育人理念下的班级文化建设策略——以萤火班的班级文化建设为例》。

以上是我开展班级德育工作研究的六个步骤，分享出来，与大家共同探讨，希望各位一线班主任都能从繁重的教育教学中抽身出来做更多的研究，促进教师与学生共同成长。

如何开展一次成功的家长会

家长会是每个班主任每个学期必须要开展的活动，但"如何开展一次成功的家长会"却是很少班主任关注的问题。我从几年前就开始关注这个问题并做了各种尝试，以下是我的一些做法的分享，希望能给大家一点启发。

一、什么是家长会

我们先来理解两个概念。

1. 什么是家长会

百度搜索的结果是：家长会一般是由学校或教师发起的，面向学生、学生家长以及教师的交流、互动的介绍性的会议或活动；家长会有发布会、会演慰问和共同活动等形式。

2. 什么是家访

百度搜索的结果是：家访是家庭访问的简称，是进行个别家庭教育指导的一种常用的有效方式，主要是解决儿童、青少年的个别的家庭教育问题。百度对家长会的阐述内容不多，但是对家访的阐述却比较多，分别对家访的形式、家访的意义和家访的目的都阐述得比较深入，其中我觉得比较重要的信息有：家访是提高学校教育和家庭教育水平的重要途径，能帮助家长树立正确的教育理念，解决家庭教育方面的一些困惑，增强家长的责任意识和信任度，使家长也主动参与到学校的教育教学管理中来，更有信心地和学校携手共同做好学生的教育工作。

由于现代社会的发展，家庭与学校的距离较远，尤其是初高中学生住宿的都比较多，教师每天的教学任务已经很重了，家访活动基本上很难做到。因此，我认为我们应该好好把握家长会的契机，通过扩展家长会的功能和形式，把家访的目的和意义都涵盖在里面。因此，我认为家长会应该办成一场集体的家访活动。

二、家长会有模板吗

每到中段考后，我经常会被同事问起，你有家长会的模板吗？我开始觉得很奇怪，家长会还有模板？后来百度了一下，真的很多，从幼儿园到高中，PPT都做得非常漂亮，但是无论PPT做得有多漂亮，不外乎都是那些内容：班级的基本情况、表扬一部分学生、考试分析、需要家长配合的工作、安全教育。

如果我是家长，从孩子幼儿园开始，每个学期的家长会内容都如此，我会怎么想？参加家长会就成为例行公事，会后效果不大。有些家长甚至会觉得都是说同样的东西，参加与不参加都一样，这种想法在中等生的家长中尤为普遍。因为表扬轮不到他们的孩子，批评也不会有他们的孩子，他们就一直坐在那里等老师讲完。请问，各位班主任，你开家长会的时候，有没有观察家长实际上有在听吗？通常要么处于神游状态，要么在玩手机，甚至几个家长在聊天。

我的小孩也在读小学，从幼儿园开始，每次的家长会都是我去的。幼儿园的时候还好，会有一些活动，小学的家长会基本都是语、数、英三位老师轮流讲，都是一个模式，有些老师甚至把这个学期学习内容的重难点在家长会中讲，每次家长会结束后，我只带回来老师表扬我孩子的PPT的几张照片，仅此而已。记得有一次的家长会从晚上7：15开始，一直到差不多10：00，好多家长都在玩手机，有个家长不小心把一句"很无聊，什么时候能结束啊"的话发到家长群里了，等我们提醒她的时候，她才意识到发错群了，但是已经过了撤销的时间，假如你是班主任，你看到这样的话，心里会怎么想？

正是这个原因促使我开始去研究"如何开展一次成功的家长会"这个问题。既然是家长会，是集体家访活动，那么它就应该孩子和家长一起参加，所以我的家长会都是学生跟家长一起参与的。几年研究下来，我班家长会的整个过程中，家长和学生都是全神贯注、全情投入的。

三、怎样设计家长会

怎样设计家长会才能让家长全情投入参与到家长会中去？我总结了一下，我们必须要做到"四心"，即开心、入心、贴心和用心。

1. 开心

道理很简单，如果去参加一个活动会让你不开心，你会愿意去吗？所以，家长会首先要让家长和学生感觉到参加家长会是一件开心的事情，他们就会很乐意去参加。

怎样才能让家长在参加家长会的时候开心？

首先要做到的是不谈成绩。因为一谈成绩，很多家长哪里开心得起来。有些班主任说，家长会不谈成绩怎么行？以后怎么提高学生的成绩？我想说的是，你在家长会上谈成绩有实际效果吗？而且在家长会上谈成绩一般只能谈整体成绩或者极个别比较好的学生的成绩，对大多数学生家长来说，这有意义吗？家长会上谈成绩只是对班主任自己心理的一种安慰罢了，并不能起到多大的作用。相反，如果你能在家长会上收获家长和孩子的心，调解好家长和孩子之间的关系，让他们都听老师的，你的教学成绩才有可能提高。

其次要有一些亲子活动作为家长会的暖场和收尾。我的家长会一般会有亲子活动作为暖场，比如让10个家长排成一列，让他们的孩子蒙上眼睛通过摸手去判断谁是自己的家长，或者让学生和家长玩做动作猜字游戏等。当然，这些亲子活动不是随便做的，是有目的的，是为后面要讲的内容做铺垫。我也会让一些从来不做家务的孩子在学校的烹饪室里学做菜，在我们开家长会的时候他们去炒菜，在家长会结束的时候一边看着他们之前学炒菜的搞笑PPT，一边享用他们炒的菜。既能开心游戏，又能享用美食的家长会，家长和学生怎么会不开心，会不愿意参加？

2. 入心

作为家长，他们最关心什么？作为学生，他们最关心的又是什么？这个班的基本情况？这个班的考试成绩？其他同学的情况？自己孩子的情况？我在孩子心目中的形象？我的爸爸妈妈怎么看我？同学怎么看我？老师怎么看我？……我们自己也是家长，很清楚，我们最关心的是自己孩子的情况。家长会的内容要真正走进家长和孩子们的心里，家长和孩子们才会愿意、乐意参加。要做到入心，关键是我们的家长会能照顾到每一个家长和孩子。我们可以通过设计一些活动做到这点。我们可以在家长会前预先做一些跟主题相关的调查并进行统计，把每个孩子的回答情况交给他的家长，也可以提前就某个主题事件让每个孩子写下他的感受，在家长会时交给家长，也可以在家长会上来一场全部孩子的宣誓……这样的活动，会让所有家长和孩子都参与到家长会当中，不会有受冷落的感觉。

3. 贴心

作为家长，他们最希望孩子怎样？健康？安全？爱父母？孝顺？成绩好？能多与父母沟通？有良好的品德和行为习惯？……所以，家长会的选题一定要贴心，要讲他们最希望得到的东西，或者最需要的东西，或者最能让他们感动的东西。我们作为班主任，同时也是家长，所以应该很清楚作为家长需要什么，很多时候我们是能感同身受的，自己需要的其实很多时候就是家长需要的。因此，在选题的过程中，先问问自己，我到底希望我的孩子怎么样？从自身出发，这样才能使家长会的主题做到贴心。比如，我们可以从"爱"这个主题入手，教育孩子要爱父母，父母要爱孩子，同时又教育父母如何去爱孩子；我们也可以从"感恩"这个主题入手，教育孩子要感恩父母，感恩父母刻不容缓，怎样去感恩父母，等等。这些主题实际上就是父母和孩子最需要得到的东西。如此贴心的主题，你还担心他们不乐意去聆听吗？

4. 用心

当家长会主题选好之后，你就必须要用心设计了。如果你只是把问题提出来，然后做说教式的演讲，估计有很多人会睡着的，或者根本没学到什么，这跟之前的模板式的"需要家长配合做的事"效果没什么两样。所以，对主题的阐述我们需要准备多方面的素材：图片、文字、活动和视频等，这样家长和学生才能真正集中精神去跟着你的思路走。例如，我在设计感恩家长会的时候，一般会以学生、家长关注的热点事件做铺垫，以此引出要培养具有健全人格的孩子，无过于"爱"与"责任"的教育，从而引出"让爱的教育从身边做起，从学会感恩父母做起"这个主题；接着我又用了几幅对比鲜明的父母和孩子现状的照片与《跪羊图》视频来让家长们和学生们思考"为什么要感恩父母"，再利用《来一斤母爱》和《天堂的午餐》两个视频告诉他们"感恩父母刻不容缓"；之后我利用了《爱的传递》的视频告诉他们"怎样教育孩子感恩父母"；最后告诉他们感恩父母从小事做起，并且要求学生宣誓。这样的设计中，有文字，有图片，有视频，有活动，环环相扣，家长和学生肯定能够集中精神跟着你的思路走。所以，家长会的设计一定要用心。有些班主任会说，哪里来这么多素材？其实素材从身边来，我的素材都是从我的朋友圈来的，平时看到好的有教育意义的视频和图片就收藏或者下载下来，日积月累，素材就丰富起来了，要用的时候就随手拈来。所以，这个用心还包括平时素材的积累。

四、家长会的成效

广东省名班主任工作室主持人万博老师说过：家访是送温暖的，不是送问题的。而我认为，家长会既是送温暖的，也是送"问题"的。家长会肯定不是告状会，但也不是开心派对，不是开完就算了，我们一定要让家长和学生带着问题去参与家长会，会后还要留作业让他们共同完成，否则就没有效果可言了。例如，我们可以在开完"感恩家长会"后让孩子回去也给家长或者长辈洗一次头或洗一次脚，让他们把照片发到微信群里；我们也可以在"爱的家长会"后组织"最相似笑脸大赛"，让他们把与父母的合影照带回来参加比赛；我们还可以组织家长和孩子一起带着老师给的问题看同一部电影，把他们的想法写出来再交上来大家一起分享……这样做才能让我们的家长会真正有成效。我布置了孩子们回去给家长洗脚的作业后，班上共有39位家长发了照片或者视频，还有一些孩子是带着弟弟妹妹一起参与到洗脚当中去的，这让我非常感动。让我最意外的是班上一个离异家庭、心理有问题的孩子（因为一直埋怨父母的离异等），在家长会后，他也能很用心地去帮他奶奶剪脚指甲。我布置了父母跟孩子一起看《摔跤吧！爸爸》这部电影后，班上共有34位学生和家长交了作业，有一位家长和孩子对我提出来的问题写了足足7页稿纸。这些作业的完成数量和质量，也让我们看到了这样的家长会是真的有效果的。

以上是我这几年对"如何开展一次成功的家长会"的一些尝试，跟大家分享和共勉。

浅谈开展"高中生涯教育"主题家长会研究的意义

高中生涯教育是高中学生发展指导工作的重要组成部分，它是指结合高中生的身心发展特点和需求，有计划、有组织、有目的地指导学生了解个人兴趣爱好、性格特征以及社会发展需求等主观条件，进行初步、合理、有效的职业生涯规划的教育活动。学校应该与家庭和社区一起，形成合力，唤醒学生生涯发展意识，挖掘最佳潜能优势结构，让学生结合自身各种因素和未来社会发展趋势，科学确立适合发展的核心目标，制订行动方案，在解决各类问题过程中发展自我、实现自我。

主题家长会是指班级基于教育目标或教育理念，组织家长、学生、教师围绕某个共同关注或要解决的问题，在一系列的主题活动中相互交流、沟通的一种家长会组织形式。

从功能发挥的角度来看，生涯教育应该以学生为主体，以教师为引导，以家长为支撑。高中生涯教育离不开父母的参与，在学生的生涯发展中，家庭作为重要的力量不容忽视，是高中生涯教育的支持途径。而家长会是学校与家长联系的一种重要方式，也是整合家庭教育力量的催化剂。虽然现在有很多现代化的沟通方式，但是面对面的家长会还是不可或缺的，因为面对面的交谈或者亲身参与活动体验的教育效果是其他方式不可比拟的。

因此，开展"高中生涯教育"主题家长会研究非常有必要且有意义。其具体意义如下。

一、促进人的全面发展

生涯规划包括学业规划、专业规划、职业规划和人生规划四个内容。高中时期是学生个性形成、认知水平提升、自主发展的关键时期，也是学生选择未来人生发展道路的转折点，对学生实现学业目标及促进社会发展进步具有特殊意义。以主题家长会的形式开展"高中生涯教育"，可以充分发挥家长这一支持系统的作用，它能让家长积极关注孩子的生涯发展，做好生涯榜样，并提供必要的支持，引导孩子参与社会实践、关注各种生涯资讯，在涉及孩子重大生涯选择的时候尊重孩子的意见，避免以个人好恶影响孩子的选择。而且，家长的参与必然能关注到每个学生的发展特点，让学生能根据个人特性对自己的人生进行规划，使个体的潜能和能力得到更好的激发与发展，最大限度地实现自我价值，找到适合自己的发展路径，最终促进了人的全面发展。

二、顺应高考改革

新高考改革方案采用"3+1+2"模式，打破了传统的文理分科，让学生能更多地根据自己的兴趣和能力去选择专业，从"套餐"变成"自助餐"。这就要求高中生要具备选择能力，对自己的兴趣、特长、能力、性格以及职业适配领域等要有一定的了解。学校应充分利用家长资源，开辟新的教育途径，拓宽学生生涯教育的空间，搭建学校、家长和学生三方互动平台，形成教育合力。因此，研究以主题家长会的形式进行"高中生涯教育"，能有效提升学生的选择能力，顺应高考改革。

三、提升班主任的德育专业素养

精心设计并有效实施主题家长会，是班主任的一项专业基本功。班主任在开展"高中生涯教育"主题家长会的设计与实施的实践研究过程中，除了具有职业精神外，还需要相关的专业知识与技能，需要了解"高中生涯教育"的目标、内容、实施及评价要求，了解学生的实际情况，并且具备与家长有效、顺畅沟通的能力和设计创新教育活动的能力等。因此，开展"高中生涯教育"主题家长会研究有助于提高班主任的德育专业素养。

四、可以丰富国内"高中生涯教育"的实践研究

国内关于生涯教育的研究还处于引用和探索阶段，理论体系不完备，研究内容尚未系统化。目前，国内关于生涯教育的研究内容主要有四个方面：对国外相关方面的研究；开展职业生涯规划教育的必要性；国内职业生涯规划教育现状；如何开展职业生涯规划教育课程。近年来，我国职业生涯规划教育取得了很大进步，但是普通高中职业生涯规划教育尚处于起步阶段。当前中国有关普通高中生涯教育的研究基本还停留在理论上，并且存在理论研究本土化程度不够等问题，而具体的实践研究还是非常少的。开展"高中生涯教育"主题家长会研究可以丰富当前国内"高中生涯教育"的实践研究，为一线班主任进行"高中生涯教育"提供有价值的实践参考。

五、可以填补目前国内关于"高中生涯教育"系列主题家长会的空白

截至2020年8月27日，我以"主题家长会"为关键词只搜索到18篇文献，关于中小学"主题家长会"的文献只有6篇。其中，李雯老师、范学富老师和张颖老师的文章主要是以某一次主题家长会实践为例阐述开展主题家长会的经验与效果。玄国华老师、赵澜波老师和罗丽青老师的文章主要是从理论上阐述开展主题家长会的重要性、原则、形式等问题。因此，国内关于主题家长会的研究无论是理论还是实践都不多，且没有形成系统和系列。"高中生涯教育"主题家长会的研究不但能丰富当前国内"高中生涯教育"的实践研究，也可以填补当前国内主题家长会关于"高中生涯教育"系列的空白，其研究具有前瞻性和可操作性。

现实中，人们常混淆职业教育与生涯教育，将两者等同，认为只是针对大学生开展的教育；还有人将生涯教育等同于高考志愿填报指导，认为平时学习了也没用，等高考结束后再关注也不迟。这些认知都是错误的，它导致了很多高中学生处于"升学无意识、就业无意识、发展无意识、生涯无规划、学习无动力"的状态。开展"高中生涯教育"主题家长会借助了家长的支持系统，充分利用了家长资源，发挥了家长的榜样作用，使学生自我认识和职业认识得到提高，目标意识和规划意识得到培养。因此，对这种教育形式的研究非常有意义，值得一线班主任探索。

注：本文是刘顺宜名师工作室研究成果之一，也是2020年度广东省中小学德育课题"'高中生涯教育'下主题家长会的设计与实践研究"（课题编号：2020ZXDY012）的成果之一。

高中生涯教育中如何发挥家长的作用

高中生涯教育是高中学生发展指导工作的重要组成部分。现实中，人们常混淆职业教育与生涯教育，将两者等同，认为只是针对大学生开展的教育；还有人将生涯教育等同于高考志愿填报指导，认为平时学习了也没用，等高考结束后再关注也不迟。这些错误的认知导致了很多学校和老师对生涯教育不重视。近年来，我国职业生涯规划教育取得很大进步，但是普通高中职业生涯规划教育尚处于起步阶段。当前，中国有关普通高中生涯教育的研究基本还停留在理论上，并且存在理论研究本土化程度不够等问题，而具体的实践研究还非常少。

从功能发挥的角度来看，生涯教育应该以学生为主体，以教师为引导，以家长为支撑。高中生涯教育离不开父母的参与，在学生的生涯发展中，家庭作为重要的力量不容忽视，是高中生涯教育的支持途径。学校应该与家庭和社区一起，形成合力，唤醒学生生涯发展意识，挖掘最佳潜能优势结构，让学生结合自身各种因素和未来社会发展趋势，科学确立适合发展的核心目标，制订行动方案，在解决各类问题过程中发展自我、实现自我。作为一线班主任，怎样在高中生涯教育中发挥家长支持系统的作用，值得我们去思考。下面谈谈我的一些看法和做法。

一、把家长请进来，搭建平台，携手教育

1. 让家长参与班级的管理，参加学校的活动，树立榜样

父母是孩子的首任老师，家长的生活习惯、为人处世的方法直接影响着孩子的人生观、价值观的建立。因此，作为班主任，要鼓励家长走进校园，积极参与班级的管理，参加班级的活动，发挥家长的榜样作用，从而使学生形成正确的人生观和价值观。引导学生树立正确的价值观，把个人的价值观与社会的需要紧密结合，他们才能从中获得职业幸福。

2015年下学期期中考试后，我大胆地开展了一个名为"家长协管晚修"的活动。由于我们学校的学生分散在广州市各个区各个镇街，路途比较遥远，因此我采用了先在家长会上发倡议书、家长自愿报名参加的方式，而且在家长会上我也明确

跟家长说明，参与"家长协管晚修"活动必须跟自己的孩子沟通好，不能让孩子觉得你不信任他或者有抵触的情绪。我本来以为一般情况下也只有本镇的学生家长会参与这个活动，而且人数应该不会太多，但是报名的结果却完全出乎我的意料，家长非常支持班主任的这个活动，总共报名的有10位家长，而且都是外镇的家长，有一位家长甚至是来自番禺区石楼镇。这个活动持续了差不多半个学期，收到相当不错的效果。有2位家长还分别给我写了一封长长的信，谈他们的活动心得。在之后的教育中，我又在另一个班级组织了一次"家长协管晚修"活动，还当场给家长颁发证书，对家长的付出做了肯定，强化了对学生的教育效果。

家长通过协管晚修活动，体会到了孩子学习的不易；孩子看到家长大老远过来参与班级管理，也体会到了父母对自己的关心和用心，从而精神抖擞，学习更有斗志。除此以外，从家长来参与学校管理的行动中，学生更看到了父母对学校教育的重视和对学校管理的认同，这本身就起到了一个很好的价值示范引领作用。它告诉学生，关心和重视孩子的教育是对的，与学校协同教育是对的，所以自己努力学习、遵守学校规章制度也是对的。

除了开展"家长协管晚修"活动以外，我还鼓励学生家长积极参与学校的义卖活动。到目前为止，我们学校组织了两届义卖活动，我们班参与活动的家长人数应该是数一数二的，而且义卖所得的善款也是数一数二的。义卖过程中，家长们忙碌的身影和声音会感染孩子，让孩子们体会到做义工的快乐，这就是价值观的引领。

还有，我们班每次段考后都会组织班级的颁奖活动，对段考成绩好的、进步的、行为表现好的同学进行颁奖。活动经费是班级家委会筹集的。每次颁奖活动都能给孩子们心灵上一个很大的鼓励和冲击。因为颁奖的是家长，颁奖的对象是学习成绩好的、进步的、行为表现好的同学，孩子们懂得家长认同什么，所以他就会向那个方向去努力。因此在接下来的周记中，大部分同学写的都是对获奖同学的艳羡和继续努力的决心。

2. 让家长走进课堂，现身说法，开展职业分享

作为班主任，班会课是我们的主阵地，在开展生涯教育中，我们也可以依托家长资源，开设"家长课堂"，让家长以社会职业工作者的角色，讲述自己的职业生涯故事，让学生了解当今的就业形势和市场，从而树立人生的目标和方向；也可以让他们进行职业分享，为孩子介绍自身职业的工作性质、内容、特点等。

疫情期间，为了让学生树立更远大的人生目标和方向，我除了找到往届的学生给我班的学生分享了学习和工作经历以外，还邀请6位家长给我们写了他们的学习和工作经历以及感受，在线上班会课上，让他们自己的孩子念出来（孩子事先并不知情），然后提问孩子的感受。贤宇妈妈从"珍惜"和"勤奋与吃苦"两个方面来谈自己从错失读高中的机会到招待所打工再到自己创业的经历；婉婷妈妈是因为生活所迫不得不辍学打工，然后靠着坚强的意志获得现在的小有成就；泳天爸爸是因为早恋痛失升学机会，辗转换了几个行业并通过不断学习才有了今天的生活……六位家长，六种不同的人生，他们人生经历中的每一幕都在不断告诉孩子们：珍惜、勤奋、能吃苦、勤劳、坚强、坚持、终身学习是成功的必备品质，也是优秀的职业素养；而不同的选择会有不同的人生，所以选择很重要，人生目标很重要，人生规划很重要，现在努力学习很重要。

当然，在班会课上，我们还可以让家长参与到活动中去。记得工作室开展的活动中，我就提议张雅琴老师在"爱相随——青春期与父母的沟通"主题班会课上请家长走进课堂谈感受，建议吴飞老师在"激发潜能，冲刺高考"主题班会课上现场连线家长。其实，我们也可以请家长进行职业分享，为孩子介绍自身职业的工作性质、内容、特点等，让学生了解不同职业的特点和要求。

通过家长的亲身经历分享或者亲自参与课堂，不但能让孩子们更了解自己的父母，给他们以更多的鼓励，还能让他们明白，从小必须培养优秀的职业素养和良好的职业能力，才能适应当今的就业形势和就业市场，从而使他们树立更符合自己情况的人生目标并付诸行动。

3. 开展主题家长会活动，让家长和学生在活动中体验，在活动中成长

家长会是学校与家长联系的一种重要方式，也是整合家庭教育力量的催化剂。虽然现在有很多现代化的沟通方式，但是面对面的家长会还是不可或缺的。因为面对面的交谈或者亲身参与活动体验的教育效果是其他方式不可比拟的。

主题家长会是指班级基于教育目标或教育理念，组织家长、学生、教师围绕某个共同关注或要解决的问题，在一系列的主题活动中相互交流、沟通的一种家长会组织形式。

开展高中生涯教育主题家长会非常必要且有意义。我在近几年开展了三次"感恩教育"和两次"爱的教育"主题家长会，每次都根据学生的特点采用不同的形式，效果相当不错。我还开展了"我为什么要逼你读书"等建立学习目标的主题家长会。2019年4月14日的"恋爱谈什么"主题家长会更是达到了意料之外的效果，很多家长纷纷在朋友圈里表示，上了一节不一样的爱情课，学生的家长会心得中也写了很多深刻的感受。这些主题家长会其实都是围绕生涯教育中的理想教育、职业素养、家庭观和爱情观等方面开展的。让家长跟孩子一起，说出各自对问题的看法，互相分享心得和感受，使沟通更畅顺，彼此更理解，亲子关系更融洽，从而促进良好家庭关系的建立。而在互动的过程中，孩子会更愿意接受来自父辈的影响，从而建立起更正确的人生观和价值观。

我之前所做的这些主题家长会，大部分是针对生涯教育中的理想教育、价值观教育和职业素养方面开展的。其实，高中生涯教育主题家长会也可以让家长跟学生一起做霍兰德职业兴趣测评，然后根据自己选择的岛屿分组讨论，让家长和学生更了解自己的兴趣爱好；还可以让家长和孩子一起制定个人规划书，培养学生做事有计划、有目的的思维方式；甚至可以请几个不同职业的家长在家长会上接受不同职业取向的同学的采访……

高中生涯教育主题家长会能让家长积极关注孩子的生涯发展，做好生涯榜样，并提供必要的支持，引导孩子参与社会实践、关注各种生涯资讯，在涉及孩子重大生涯选择的时候尊重孩子的意见，避免以个人好恶影响孩子的选择。

二、带学生走出去，参观体验，实地考察

班主任可以在入学的时候给家长发放一封通知书，内容大致是："您的工作中有什么特殊才能？您的工作中是否应用到某种技能？您能否为我们提供学生参观您所在的单位的机会？希望我的学生能有机会听您分享您的职场经验"，以了解班级拥有什么样的家长资源，然后根据家长交上来的调查表去制订实地考察的方案，分批带领学生到家长的单位参观、体验。组织学生集体参观企业，组织学生与企业专家面对面交流，可以使学生对各种职业有更多的直接感性认知，让学生更深入了解职业的工作内容、工作方式、工作环境和任职资质等，从而有更清晰的职业目标和规划。当然，带学生外出，一定要征得学校和外出学生家长的同意，在方案中还要有应急预案，以应对突发事件。

另外，在联系、组织实地考察的过程中，学生能亲历家长进行沟通协调和制订活动方案的全过程，耳濡目染，沟通协调能力肯定会得到大大的提高，也学会了如何制订参观活动方案，职业能力得到了很好的培养。

综上所述，借助家长的支持系统，通过家校合作的模式，能充分利用家长资源，发挥家长的榜样作用，使学生自我认识、职业认识和职业素养得到提高，目标意识和规划意识得到培养，从而推动生涯教育的开展。

参考文献

张纪元.中学生职业生涯规划教学设计［M］.北京：北京师范大学出版社，2012.

②

第二篇

书海求索，阅读寻根，
提升班主任思维力

　　每当在书海中徜徉，"开卷有益"就不再虚无，而是一种最接地气的宣言。很多生活、工作中的困惑，都能在阅读中得以释然，并重新找到前进的方向；有些无法言表的真情实感，也能在墨香中遇到共鸣，思维力将得以进一步拓展。期待与你一起阅读，共同找到心灵的归宿。

尊重是第一要务

——《窗边的小豆豆》读后感

《窗边的小豆豆》记录的是作者上小学时的一段真实的故事。作者因淘气被原学校退学后，来到巴学园，在小林宗作校长的爱护和引导下，一般人眼里"怪怪"的小豆豆逐渐变成了一个大家都能接受的孩子，并奠定了她一生的基础。整本书的故事以小孩的视野去看世界，堪称是"最了解小孩"的书。看完这本书以后，作为教师和母亲的我，感慨良多，主要有以下几点。

一、倾听是最好的教育手段

当小豆豆第一天来到巴学园时，校长小林宗作先生居然认真地听她说了四个多小时的话，这让小豆豆非常高兴，因为平时从来没有人会这样听她说话。反思我们的教育，无论是作为母亲的我还是作为教师的我，从来都没有这个耐心去听孩子说那么长时间，总是有太多的理由，总是觉得不耐烦。其实，曾是孩子的我们，儿时何尝不也是希望大人们能耐心倾听我们说话？即使我们的话题很幼稚、很无聊，也很希望能有个很好的听众，但当我们长大后，我们又重复着我们父辈的做法。我们现在经常抱怨孩子不跟自己说话，但是我们是否错过了他们想说给我们听的时候？正因为当时我们不愿意静下来听，久而久之，他们也不愿意对我们说了，因为他们觉得我们不是一个好的听众。小林宗作先生就愿意做一个很好的听众，因而他得到了小豆豆的信任和爱戴，这为日后他对小豆豆的教育打下了良好的基础。因此，我们要教育好孩子，首先要取得他的信任，那就先做一个专心的听众吧。

二、保护孩子的自尊心和培养孩子的自信心是教育首先要做的事

小豆豆在别人眼里是一个行为怪异的淘气包，但在小林宗作先生看来，这些都是孩子好奇的天性，他从来没有因为小豆豆的这些行为而责备她，包括小豆豆为了找她的小钱包把粪坑里的粪全掏出来，以及因为地上有张报纸觉得好奇而跳进粪坑

里面，或者经常站在窗边等宣传艺人经过等。小林宗作先生这样的做法大大保护了孩子们的天性和自尊心，使他们觉得他们与别的孩子是一样的。巴学园中的每一个孩子之所以都充满阳光，与小林宗作先生的这一做法有莫大的关系。包括得过小儿麻痹的泰明，还有患有侏儒症的高桥君，他们在学校都受到同样的尊重。小林宗作先生甚至挖空心思地培养他们的自信心。校运会中的安排和午饭的说话环节就是其中的一些做法。而当女教师不小心问了高桥君有没有尾巴时，小林宗作先生在厨房里对女教师大发雷霆也可见其对培养孩子们自信心是非常重视的。因为一个孩子的自尊心和自信心的建立对其成长很重要。一个正常的孩子，若缺乏自尊心和自信心，那么他的人生不可能取得成功，而对于那些表现比较落后的孩子或者有身体缺陷的孩子来说，若没有自信心，别说成功了，他们可能连基本的生活都承受不了。事实证明，小林宗作先生的培养方式是正确的。看看小豆豆和高桥君长大以后的成就就知道了。

再看看我们现在的教育，成绩最重要，只要孩子的成绩不好，一些老师就挖空心思想办法让他退学，这样就不会影响班级的平均分；哪个孩子表现不好，就当众批评，见家长，完全没有考虑孩子的自尊心，作为教育者的我们，是否也要反省一下自己的行为？请记住小林宗作先生的一句话："你真是一个好孩子。"多发现学生的优点，多表扬，保护孩子的自尊心，培养孩子的自信心，这才是教育首先要做的事情。

三、爱和包容是最好的教育环境

巴学园是一所充满魅力的学校，每一个孩子每天都不愿意离开学校回家。之所以这样，是因为小林宗作校长和巴学园的所有老师对孩子都充满着爱与包容。正是在这样的环境下，孩子们的身体和心灵两方面都得到了和谐的发展。孩子们都爱上学、爱学校，当有其他学校的孩子说巴学园是破学校的时候，他们都非常愤怒就可以说明这一点。而现在我们的学校情况又是如何呢？有人说，这是应试教育造成的结果。我认为不完全是这样的，若教育者除了看重成绩外，能多对孩子包容、多给予关心和爱，情况会好很多。其实淘气是孩子的天性，尊重孩子、包容他们的缺点、挖掘他们的优点就是爱孩子，孩子是能感受到的。若孩子能在学校感受到爱和包容，怎么可能讨厌上学呢？

四、父母的理解和爱在孩子的教育中扮演着重要角色

小豆豆之所以能健康成长，除了有赖于小林宗作先生的教育和引导以外，更有

赖于她父母一直以来对她的理解和爱。因此，对一个孩子的成长来说，父母的理解和爱比任何东西都重要。我们千万不能认为教育是学校的事，是老师的事。父母是孩子的第一任老师，若父母都没理解孩子，爱孩子，没能做好榜样，外人更难以对他们进行教育了。

班主任必备的工具书

——《中小学德育工作指南实施手册》读后感

一边读《中小学德育工作指南实施手册》（以下简称《手册》）一边感叹，这本书太有用了！我觉得每一位老师手头上都应该有这本书，这绝对是所有老师都应该配备的工具书。下面我来介绍一下这本书到底好在哪里。

《手册》是针对2017年8月发布的《中小学德育工作指南》（以下简称《指南》）编写的，旨在指导教育行政部门和中小学理解并落实好《指南》，明了中小学德育工作该做什么和怎么做。这本书主要分为指导思想与基本原则、德育目标、德育内容、德育途径和组织实施几个部分。

在指导思想与基本原则部分，《手册》详细介绍了党的教育方针、全面落实立德树人任务、把社会主义核心价值观融入教育全过程、不断完善中小学德育工作长效机制这几个方面内容，并要求我们要在实施过程中坚持正确的方向、遵循规律、协同配合和常态开展的原则。讲解详细，且充分理解各个文件精神，值得我们好好思考领会。

在德育目标部分，《手册》中先详细解释了《指南》中提到的德育总体目标是培养责任意识、树立"四个自信"、促进全面发展，并指出各学段的德育目标：小学低年级的德育目标是培养基本行为习惯；小学中高年级的德育目标是养成良好的行为习惯；初中阶段的德育目标是形成社会规范意识；高中阶段的德育目标是形成正确的世界观。这部分内容解释相当详细，同时也反映出《指南》符合学生发展规律的科学性。

德育内容部分从理想信念教育、社会主义核心价值观教育、中华优秀传统文化教育、生态文明教育和心理健康教育五个方面内容呈现。每个部分从几个小内容分学段进行阐述。德育内容得到细化，具体到某一个生活细节，让人觉得更有可操作性。例如，在中华优秀传统文化教育中谈到的人格修养，小学低年级的主要内容是孝敬父母、尊敬师长、友爱同学、礼貌待人，养成勤俭节约、吃苦耐劳、言行一致的生活习惯和行为规范；小学中高年级的主要内容是逐步提高辨别是非、善恶、美丑的能力，形成良好的行为规范；初中的主要内容是培养道德判断能力，了解规则和道德要求背后的价值准则；高中的主要内容是培养豁达乐观的人生态度和抵抗困难挫折的能力，内容层层递进，既明确又符合儿童发展规律。

《指南》中最详细的部分是德育途径部分。它通过课程育人、文化育人、活动育人、实践育人、管理育人和协同育人六个方面详细讲述了德育途径。内容充实又具体，每一个内容都分为要点解读（各种法律法规的文件解读，对教育者来说无疑是一个非常重要的指导）、实施建议和参考案例三部分，而且这些案例都非常有创意、可操作性强，值得我们一线教师尤其是班主任参考学习，我受益匪浅。

其中最让我受益的是活动育人这个部分。看了这部分，我才知道原来学校或者班级的活动居然可以分为这么多种类：节日纪念日活动、仪式教育、校园节（会）活动和共青团少先队活动，而每一类活动又可以再细分，如校园节（会）活动还可以细分为科技节、体育节、艺术节等。我以前对活动的认识实在是太肤浅了。《手册》中除了介绍每一种活动开展的重要性、要点解读和实施建议外，它所提供的参考案例都有非常详细的方案，而且具有创新意识，可操作性强，真的收获不少。

最后的组织实施提到，《指南》作为学校开展德育工作的基本依据，需要各级教育行政部门和中小学精心组织、认真实施，确保各方面落到实处。在学校德育工作中深入贯彻《指南》，需要在组织领导、条件保障、队伍建设、督导评价和科学研究各方面加大力度，切实保证《指南》中各项要求得到落实。

因此我觉得，作为一线的中小学班主任，我们更应该好好研读《手册》，清晰认识《指南》要求的重要性和必要性，根据不同学段、不同情况、不同主题，认真开展班级的德育工作，使我们的中小学德育工作能沿着正确的方向、遵循科学规律常态开展。

期待与你一起阅读、共同研讨！

重新梳理和审视班主任工作

——《班主任一定要面对的9个问题》读后感

《班主任一定要面对的9个问题》这本书虽然写的是关于英国班主任要面对的9个问题，但是看完后，我觉得这9个问题同样是我们中国班主任需要面对的问题。书中阐述了班主任要面对的9个问题分别是：班主任究竟在扮演什么角色？班主任在为谁工作？班主任如何高效率地工作？班主任如何让"教师爱教，学生爱学"？班主任如何制定行之有效的辅导规划？班主任怎样与家长打交道？班主任如何应对工作中的特殊情况？班主任如何与他人一起协同工作？班主任的未来向哪里去？

对于第一个问题，班主任究竟在扮演什么角色，我觉得我们很多学校领导包括班主任自己都还没有弄清楚。要想获得成功，儿童必须学会如何成为一名学生，这将是个艰巨而复杂的学习任务。班主任在此要履行的职责是"教育指导"。班主任是学校整体课程计划的"整合核心"，是精神辅导的绝对执行者。他们要努力使学生充分利用学校的各种资源求得自身的发展。这就是班主任在学校教育中所要扮演的角色。从这里我们也可以知道，班主任所做的一切，无论是主动的还是规定需要的，都必须以学生的个人发展和群体发展为目标，从而回答了第二个问题——班主任在为谁工作。

对于第三个问题，也是班主任最头痛的问题，如何高效率地工作。书中谈了很多高效率工作的方法：如何巧妙地应付烦琐的"行政任务"，如何用短期辅导来完成日常学生管理的高效能计划，如何在辅导活动中突破形式主义，运用双人和小组活动的团队经验来促进学生进步，运用圆圈教学活动来实现高效班级管理和运用任务安排帮助学生迈向未来，等等。这些都是非常值得我们班主任去效仿的做法。

对于第四个问题，书中谈到，如何真正学习，是学生成才的根本途径。道德教育并不是让学生在劝诫中饱受折磨，而应该对学生进行启发并形成一种满足感。班主任的主要任务之一就是教会学生如何加强与教师、助教和相关工作人员的交流，如何充分利用学校的各种资源和组织制度。在很大程度上，学校就像一个小型社会，教会学生如何理解学校组织制度并充分利用其中的资源，同时也是教会他们如何在社会组织机构中做人处世。要解决"教师爱教和学生爱学"的问题，书中分别从家庭作业、"信息技能"、正面面对和处理教师的批评、当"老师，那不公平"发生时、行为研究、欺辱行为、自信心和生活技能这几个方面来回答。其中，在如何让学生正面面对和处理教师的批评这个问题上，书中谈到的观点我很认同，就是班主任要努力让学生理解，在人生的各个阶段——无论是校内还是校外，无论是现在还是将来——人们总是会遇到被别人误解的时候，所以当遇到这样的事情的时候一定要先冷静，然后站在对方的角度想问题，再试图去解决问题。其实书中关于如何让"教师爱教和学生爱学"的种种探究，都是要告诉我们通过班主任的积极努力，促进团队和个人加强对自身与他人还有社会压力的了解，并在此基础上达到自我调控的目的。而学校生活中的普通行为往往是整个人生行为模式的缩影。班主任需要以谨慎而又清醒的头脑带领他的团队互相信任，从现状去理解未来，从小事去理解大事，从特殊去理解一般。

要促使学生形成自己的观点和解决问题的能力，不能靠班主任在日常工作中碰运气，而是必须制订完善的辅导计划，这就引出了第五个问题。书中提到，辅导工作不能仅仅关注学生自身，相反，我们不能花太多的精力去"脱离"学生考虑问题。原始材料的使用可以激发辅导课堂的兴奋点，使学生脱离自身，站在一个客观的角度思考问题，既加深了学生对人的理解，也同时反过来增强了他们对自我的了解。而我们可以运用的原始材料包括：照片、动画、素描、油画、传记和自传、文学作品、议论性文章、统计数据和实际状况调查等。班主任必须向学生提供充足的原始资料，以便题目能够对资料的内容和形式进行全面整合，尽量不要仅仅遵照一种单调的模式，因为不同的原始材料具有不同的特点，我们应该运用不同的方法加以对待。班主任还可以让个人辅导和团体辅导互相促进、相得益彰。

家长是学生之外的另一个"难题"，我们不能想当然地认为教师在处理同家长的关系时总是驾轻就熟。因为教师在课堂上要同学生进行交流，在课下还要同其他教师商讨制订教学计划，这就占去教师的大部分时间，即使教师加紧工作，也只能腾出极其有限的时间同家长进行交流。在怎样与家长打交道的问题上，书中提到班主任可以从问卷调查开始了解家庭，通过简短的介绍信进行初次接触，通过制作专门的小册子、信件和召开家长会与家长保持联系。只有家庭和学校二者通力合作，学生才更有可能取得成功，班主任才能在工作上获得更大的满足感。

在班主任工作中难免会遇到特殊情况，书中介绍了几个需要注意的细节：第一，班主任可以通过了解学生儿时的经历去了解学生，对学生过去的记录进行细致的研究，但是不要盲目对学生"定性"。第二，班主任要关注的是学生的未来而不是过去。第三，班主任要对学生进行时时监督。第四，要随时对学生进行教育——走廊里的精神辅导。第五，班主任要及时进行记录，让工作更有效。只要注意到以上提到的几点，相信班主任能很好地应对工作中的特殊情况。

当然，班主任不能只靠自己来管理学生，而是需要同学校其他员工协助来完成。因此，班主任应该积极获取外部协作，厘清与年级负责人或部门负责人的关系，协调好与其他授课教师的关系，这样才能最大限度地开展学生的德育工作。

书中在解答最后一个问题时提到，真实的个人、社会教育、学校和课程的要旨是为孩子们创造条件，使他们能够尽快理解并珍视学校所倡导的价值观念：理性思维、观念开放、追求真理、尊重个人等。因此，关心学生与规范学生二者并不矛盾。而在学生的道德教育中，班主任的榜样作用比劝诫更有效。班主任个人品格这种无形的力量和他们对待学生与其他成人的行为方法将对学生产生巨大的影响，因此，班主任要注重个人道德的修养，所谓"身正为师"就是这个道理。书中还提到班主任应该不遗余力地开展团队辅导工作，努力建立一种互相分享的机制，并充分加以利用。辅导工作可能会是一项寂寞的工作，但是如果大家能够同心协力，我们就能形成一种团队合作意识，班主任在这种团队中的作用也将远远大于他们孤军奋战时的作用。这其实正是我们成立班主任工作室的初衷。

读了《班主任一定要面对的9个问题》这本书后，我对班主任工作的认识有了更好的理解，对如何开展班主任工作也有了更深入的了解。相信运用这本书提到的方法，我们会把班主任工作做得更出色。

在阅读中成长

——读《中小学班主任常见疑难问题解决方略》有感

做班主任十年，时间说长不长，说短不短，但是在这忙乱的班主任工作中，我从来没有进行过反思与总结，从来都只是充当一个救火队长的角色，虽然在带班过程中也有过一些成绩，但是我觉得那都是凭借着对教师这份职业的责任和对学生的喜爱而得到的，都是一腔热血投入的结果。趁着五一放假这几天，我读完了《中小学班主任常见疑难问题解决方略》这本书，收获真的不是一般的大。这本书中提出的问题都是《班主任》杂志从2009年到现在开设"我该怎么办？"栏目中110多期问题里面抽出来的最典型、最有代表性的问题的解决方略。这本书更像是一本班主任工作手册，让我在阅读中不断思考以往的种种带班的不足，同时还给我提供了很多很好的经验方法。全书分为三大部分：班级建设篇、学生指导篇和协同育人篇。每一个部分都分为很多个问题，每个问题都有全国各地的老师解决这个问题的有效方法和策略，并且配有观点跟帖和专家视点，让问题的解决更有广度和深度，其中感受最深的是对以下几个方面的研讨。

一、关于全媒体时代带来的压力与挑战怎么办这个问题的研讨

对全媒体时代的到来，我一直都是比较忧虑的，因为学生是未成年人，自我约束力弱，很容易受到各种虚拟世界和黄色暴力信息的诱惑与影响，耗费在网游、微信、QQ上的时间精力过多，对身心健康不利。但是阅读了这么多优秀班主任的观点和策略后，我对这个全媒体时代有了新的认识，我明白了全媒体时代虽然给学生的教育带来了不可否认的压力，但是压力即动力，全媒体时代也带给了班主任很多机遇，激励着我们不断自我更新：要以研究者的身份去研究这个大时代、研究学生、研究家长的同时研究教育系统的新的运作方式；要以教育者的身份去研究该如何培养学生的责任心、批判性思维和创新能力；要以学习者的身份去增强终身学习意识、转变态度与立场、融通各类专业能力成就自己。

二、关于起始年级工作的两个专题的研讨

对起始年级工作的两个专题的研讨：起始年级不知道从哪入手开展工作怎么办和新生入学不适应怎么办。带班这么多年，我深深知道起始年级不好带，要让学生从零开始适应一个新的环境和一种新的学习生活，需要花费大量的时间和精力。所以我在刚带一个新的班级的时候，会做一些学生名片贴在座位上让老师尽快认识学生、学生之间尽快认识，也会通过"开学第一课"把我的带班理念以及我对学生的要求进行说明，让他们知道怎样去做人、怎样去做一个集体的人、怎样适应无人监管的学习生活等。但是通过阅读书中对这两个问题的研讨，我发现我之前做得还远远不够。我并没有从精神上、行动上给学生更多的准备；也没有想过可以给学生一些"见面礼"、可以让学生通过教师节系列活动对前一学段的教师们进行感恩教育；更没有想过借助同伴、"老生"资源、家校合作、"多功能表扬簿"等更有效的办法让学生更快适应新的学习生活。作为新时代的班主任，单凭经验真的不够，确实要多读书，多学习别人的做法并在实践中反思。书中有些观点我非常认同：起始年级是给人以希望、给人以新的发展起点、给人以重新开始抑或继续更新的巨大动力，让人实现真实的"诞生"；为使自己和学生们成为自己想要成为的活生生的"人"，而不是盛水的"桶"和"碗"来确立一系列行为的原则、信念、标准与态度；从起始年级带班之始，班主任就应树立起"学生是人，参与学生生命成长"的班级教育价值观，这样，在今后带班期间，班主任就不会以学生每次考试都获得高分数、平均成绩名列前茅、学生在各种活动中表现突出、获得各种奖项等功利性目标的实现来"证明"自己带班的成功。我觉得我要时刻记住这几句话，时刻警醒自己。

三、关于班级文化建设问题的研讨

其实，我一直对班级文化建设不太擅长，这可能与我自己的理论水平不高和文化底蕴不深有很大的关系，毕竟是个理科生，我总是这样为自己开脱。但是，在外面培训多了，发现有很多优秀班主任都是理科老师，"别人能做得好，为什么我就做不好呢？"我确实需要学习和反思。阅读完这本书对班级文化建设问题的研讨，我对班级文化建设有了初步的了解，知道班级文化中有显性文化和隐性文化之分。作为一名班主任，应该结合自己的带班理念，通过开展各种活动，使班级在三年时间里逐步形成有利于班级学生发展的班级文化。一个班级应该有自己的班名、班徽等可见的文化，也应该有自己班级的班规等精神文化。其中，江武金老师的《阅读点亮人生——班级文化建设之海量阅读》这篇文章让我印象最深刻。他通过三年规

划、四个阶段、十项措施让"阅读是一种风尚"这种观念深入班级所有学生的心，深深佩服这位班主任的用心和智慧。反思自己，虽然喜欢读书，也经常跟学生说要多读书，但是从来没有想过如何让学生从阅读变成"悦读"再变成"越读"，今后可要跟语文老师好好琢磨一下这个问题。

《中小学班主任常见疑难问题解决方略》这本书对很多疑难问题的解决方略都很有见地，都有很多活生生的案例，由于篇幅的关系，不一一细说。期待有心研究班主任工作的同行们一起参与到阅读中来，共同探讨更好的解决问题的方法。

让班主任工作更自信

——《班主任工作中的心理效应》读后感

在这个不一样的寒假里，我花了十多天闲余时间仔细看完《班主任工作中的心理效应》这本书。这本书实在太实用了，简直是班主任工作的指导书，我觉得所有班主任都应该拿着这本书多认真学习几遍。

这本书从心理学的角度分析、阐述班主任在教育教学中所用到的心理学知识，而且每个心理效应都配以很多真实的事例去阐述，这些事例让人既一读就懂，又发自内心地去思考。正如书中所说的，这本书确实做到了"顶天立地"。"顶天"就是说，每个心理效应都取自心理学的实验和理论，上连科学殿堂；"立地"就是说，这些心理效应的应用来自真实的成功经验，下接地气。

全书总共有48个心理学效应，按照对象的不同，分为三大部分：面向全班学生、面向个体学生以及面向家长、同事和自我。其中每个部分又根据内容的不同分为很多个小节，小节下面就是对应的心理学效应。

其实在阅读这本书的过程中，我有很多的共鸣，也有很多的反思。下面我就其中一些比较深刻的心理学效应谈谈自己的感受。

一、面向全班学生系列

"亲近全班"这个小节里谈到的几种效应让我印象深刻。对于一名班主任来说，如何能亲近全班学生是所有人都要面对的问题。班主任是一个特殊的群体，对学生来说既是科任老师，又是班主任。班主任要在学生面前建立一定的威信，才能把班级管理好，但是如果只有权威，没有亲和力，这个班级也不会有好的发展。正如这本书"建班立规"小节中的班级管理风格中说的一样，班主任要把民主和专制结合起来，才能达到很好的效果。所以对于班主任来说，首先要亲近全班，取得学生的信任。而这个小节里提到的相似性原则、仰八脚效应、合法化效应等都是很好的方法：以自己的经历让学生认同、接受老师，跟学生有相同的兴趣和观点，适当自贬和示弱，及时承认错误。其实我在平时的工作中，不知不觉用到了这些效应，只是当时自己没有太多的心理学知识，所以看了这本书后，我终于找到了这些做法有效的根源，因为这些做法其实是科学地运用了心理学知识，这也使我得到了理论的提升。

当然，在"巧施影响""建班立规"和"注入生活"小节中也有非常多值得我们深思和反省的地方。比如，"利用名人效应对任课老师大力表扬，让学生信任自己的老师"就是一个不错的做法，我一直在用这种办法为任课老师建立威信。还有德西效应中提到的奖励并不一定是好事，让我们认识到"知之者不如好之者，好之者不如乐之者"其实也是心理学的一种效应。看来我们的老祖宗其实也很懂心理学，只是没有像西方那样通过实验把它归纳出来而已。再有就是热炉效应告诉我们，班主任应把握好警示性、一致性、即时性和公平性四个原则，"该出手的时候就出手"，要跟后面阐述的"无声效应"结合起来，把握好尺度，对班级进行"群体规范"管理。在"注入生活"这个小节中，我终于明白了"魔鬼是怎样炼成的"。群体中的去个性化现象因为具有匿名性和责任模糊性，所以给我们的班级管理造成一定的困难，我们可以发挥学生的"控制感""异性效应"和"鲇鱼效应"去化解它。当然，"鲇鱼效应"里面也提到了学校按照成绩分班得不到好成绩的原因，值得我们教育者深思。

二、面向个体学生系列

在"积极关爱"和"真心相知"小节中提到的角色效应与标签效应，我认为其实表达的就是同一个意思：你给学生贴一个什么样的标签，给学生一个什么样的角色，很多时候学生就会往你贴标签的方向和给的角色方向发展。所以作为班主任，不要随便给学生贴不好的标签，尽量给学生一个好人的角色，对学生高期望（皮格马利翁效应），多关注（霍桑效应），别让成绩的光环蒙蔽了双眼（光环效应），摘下有色眼镜（刻板印象），静心倾听并多运用"我"向表达，化解学生的"逆反心理"，为"习得性无助"的学困生架设阶梯，才能达到转化"问题学生"的教育效果。

在这个过程中，我们要时刻记住："表扬比批评强，批评比忽视强"（赫洛克效应）。对于班上那些默默无闻又不犯错误、经常被忽视的中等生要多加关爱。还要时刻提醒自己："你觉得好的东西学生不一定觉得好"（飞镖效应），所以要多站在学生的角度去思考问题。当然，书中介绍了很多可以运用的方法：登门槛效应、微笑原则、触摸效应、无声效应、反馈原则、普雷马克原理和阿伦森效应等。

通过上面的介绍，我们发现：做一名好的班主任真不容易！但是，书中介绍了很多方法和案例，为我们的班主任工作提供了很好的借鉴。

三、面向家长、同事和自我系列

在"亲师沟通"这部分中，作者告诉我们，班主任要利用好"单纯曝光效应"和"表露互惠原则"去跟家长与同事进行沟通。沟通分为三种：互补沟通、交叉沟通和隐蔽沟通。班主任要时刻冷静地把与家长的沟通引向互补沟通，这样才能达到"你好，我好"的效果。

在"自我调适"这一小节，我按照书里的要求对自己做了几个心理学分析，了解自己的优势和不足。让我印象最深刻的是"教师—家长角色转换"这部分，相信很多老师尤其是班主任，其实在不自觉中都会遇到这个角色转换问题，我们既要做好老师，也要做好家长，真是不容易，所以一定要自我认识并自我调节，否则就会教好了别人的孩子，却错失了自己孩子的教育。当然，书中提到的教师职场幸福感的观点，我是非常认同的。"当生活中失去了挑战与目标，当生命中失去了奋斗与拼搏，人类与动物就没什么区别。"让幸福看得见、承认自己的不完美、胸怀感恩的心、助人为乐，你会收获幸福。"施者比受者更幸福。让学生幸福，就是班主任最大的幸福。"

所以，读完全书，你会对班主任工作有个整体的概念和规划，不再会有过多的疑惑，有心理学理论作为支撑，会让你做班主任工作更有自信，更得心应手。期待大家一起来阅读，共同来探讨。

小故事，大启发

——《哈佛家训》读后感

　　《哈佛家训》这套书总共有六本，其中包括"品性""梦想""真爱""成功""思维""心理"……几十个专题，每一个专题都由十多个小故事组成。那些小故事不仅短小精悍，而且发人深省，每个故事旁边还有作者对故事的理解以及见解，非常有教育意义，非常适合父母和小朋友阅读。作为班主任，更是能从中收集到很多教育学生和班会课的素材，所以非常建议大家阅读。我看完这套书后，受益匪浅，下面把几个我觉得写得非常好的故事跟大家分享一下，希望有更多的人去阅读这套书。

　　例如，第一册中的《怎样将犯人送往澳洲》这个故事中，不以上船的人数获得报酬，而以下船的人数获得报酬，这就大大增加了送往澳洲的犯人的存活率。这个故事告诉我们，每天做着各种各样的事情，当我们做这些事情的时候，有没有想过：这样做是最好的方法吗？这样做存在什么弊端？如果换一种完全不同的做法呢？所以，做事，思维很重要，方法很重要。成功者之所以成功，一个最大的原因就是他们拥有了最好的方法。这样的故事简短，教育意义深刻，我们教育自己的孩子的时候可以用得上，教育学生的时候也可以用得上，所以值得阅读。

　　又如，第二册中的《快乐的油漆匠》，这个故事描述的是一个由于机器故障导致眼睛将要失明的比尔请了一个油漆匠粉刷家具和墙壁，当看到那个油漆匠只有一只手还能自食其力，生活得非常快乐，他终于对自己失明后的生活有了信心。这个故事告诉我们：人生最大的灾难是心灵的灾难，如果心灵坚强，没有什么能让你流泪。命运要是去掉了你一只手，你就用另一只手把生活擦亮；如果命运使你看不见别人的微笑，那你就自己微笑！当我们的孩子或者学生遇到困难或人生处于低谷的时候，我们可以给他们分享这个故事，让他们知道态度决定一切，重新振作，重新快乐起来。

　　再如，第三册中的《妈妈眼里你最棒》这个故事中，一个完全不懂橄榄球的妈妈去观看了一场儿子只是替补完全没有上场的橄榄球赛，最后她儿子问她比赛是否精彩的时候，她跟儿子讲的一段话，让我非常有感触："儿子，你太棒了，真的，我真为你骄傲。你激动地提了11次球袜，那动作真利落；你还喝了8次水，对了，还有几次我看见你往自己的脸上洒水。宝贝，你肯定流了不少汗。还有，你扬手拍19号、5号和16号下场队员肩膀的样子帅极了，那动作真像一个职业球员。"当孩子问她怎么只注意这些小事的时候，她是这样回答的："宝贝，妈妈不懂橄榄球，也不是来看球赛的。妈妈是来看你的，我的儿子。在妈妈眼里，你就是最棒的球员。"几乎所有父母都知道爱自己的孩子，但只有很少的父母知道尊重和欣赏孩子。如果父母之爱中少了欣赏，少了尊重，这样的爱既没有温馨，也缺少力量。我们作为父母是否得反思一下自己的行为，我们是否在拼命拿自己的孩子跟别人家的孩子比较？我们平时是否在生活的小事中欣赏和尊重孩子的优点？

　　类似这样的故事书中非常多，我在这里就不一一列举了，等待我们的读者自己去体会。希望有更多的知音去阅读并喜欢这套书，用这套书的故事去教育我们的下一代，这样，我们的孩子未来一定非常光明！

融合的力量

——读《魅力班会课（高中卷）》有感

全国模范班主任任小艾为《魅力班会课（高中卷）》写序的时候指出：主题班会课虽然是一种集体性的教育，全员参与，群体行动，但不可否认的是，在班级整体受益的同时，学生个体也会相应得到不同程度的教育。一节效果好的主题班会课，会促进学生对人生、社会、学校和个人生活中各种问题的思考。由丁如许老师主编的《魅力班会课》系列图书，是一套内容丰富、形式多样、针对性和有效性很强的图书，我拜读了高中卷，受益匪浅。下面从几个方面谈谈阅读这本书的一些感受。

第一，整本书包含25节主题班会课的教学设计，都是全国优秀班主任们的心血和智慧，而且每个设计最后都有教师们的教学后记和专家的精彩点评，阅读后让人受益良多。例如，《不要平庸地生活》这个设计的后面就有教师的教学后记，在教学后记中，杨老师告诉我们他为什么要上这节主题班会课，为什么要那样去设计他的班会课，如何能使班会课效果更好等，这让读者对主题班会课有更深刻的了解。最后还有全国优秀班主任赵建玲老师对这节课的看法以及他所想到的对于梦想这个内容的感悟。所有种种，对于我们一线的班主任来说，都是不可错过的宝贵经验。

第二，主题班会课的教学设计内容包含了班级教育的各个方面，能为我们开展班级教育主题班会课提供很好的思路。25个教学设计里面包括：理想教育、感恩教育、爱国教育、集体主义教育、社会责任教育、感恩教育、青春期教育、成人教育……例如，《不要平庸地生活》《成功始于目标》和《追梦，我的2008》等就是理想教育，《云南印象——美丽背后的真实故事》和《每逢佳节倍思亲》等是爱国主义教育，《我心中的班级》和《让班级因"我"更美好》等是集体主义教育……

第三，主题班会课的教学设计涉及的模式多种多样，各种模式交叉使用，方式方法都值得我们参考学习。例如，《不要平庸地生活》和《坚持路上有风光》等就属于以班主任就一个主题发表演讲为主的模式（演讲式）；《让生命和时间赛跑》和《我心目中的班级》等就是以学生就某一个问题展开讨论甚至辩论为主的模式（讨论式）；《感知春节，走进传统文化》和《云南印象——美丽背后的真实故事》等则属于学生观赏有教育意义的视频或材料，交流心得的模式（观赏式）；《走进CEO》和《践行礼仪，从校园做起》则属于学生自己选题、自主策划、自由参与的模式（自主式）；《今晚秋月分外明》则属于学生和老师共同参与某一项活动的形式（活动式）……所有这些主题班会课的教学设计都不单是用一种形式，而是各种形式互相融合，从而使班会课达到了最佳的教育效果。

第四，这些主题班会课中包含的素材丰富、切合主题，很多都可以直接拿来使用，或者稍微修改就可以使用。这25个教学设计中包含了大量的小品、故事、真实材料、调查问卷、图表等素材，这些素材对丰富我们的主题班会课非常有帮助，能使我们的主题班会课更生动、更有效。例如，《不要平庸地生活》中的真实材料、《让生命和时间赛跑》中的各种表格、《自信，从现在开始》中"昂起头来真美"的故事……无一不是典型的让人感动的素材资料。在阅读中，我大受裨益。

鉴于以上优点，我推荐大家阅读丁如许老师主编的《魅力班会课》系列图书。

正面对待心理问题

——读《少有人走的路：心智成熟的旅程》有感

听广东省名班主任工作室主持人万博老师的讲座的时候，她一再推荐《少有人走的路：心智成熟的旅程》这本书，我花了两周零碎的时间把它认真读完，确实收获不少，感谢万老师的推荐。

《少有人走的路：心智成熟的旅程》这本书是一本讲心理学的书，全书分为"自律""爱""成长与信仰"和"恩典"四个部分。这本书主要告诉人们如何排除干扰，促使心智成熟，达到"天人合一"的状态。书里有很多抽象的心理学专业术语，如"神经官能症"和"人格失调症"等，但是这并不妨碍我的阅读。作者在书里利用大量鲜活的心理治疗案例去解释这些专业术语，语言生动、直观、通俗，让我这个心理学的外行都看得入迷，理解得很透彻。

看完整本书，我深刻体会到两点。

一、对"自律"和"爱"的理解

人生苦难重重，要解决人生的一连串难题，自律是最主要的工具，自律也是消除人生痛苦最重要的方法。要做到自律，必须遵循四个原则：推迟满足感、承担责任、忠于事实和保持平衡。假如人生的目标是逃避痛苦，那你完全可以得过且过，不必寻求精神和意识的发展。但是，如果你希望达到很高的精神境界，即心智成熟，你就必须要自律，经过痛苦和折磨，否则无法实现灵魂的超越。既然那么辛苦，为什么人还要去追求这样的精神境界呢？那是因为人类有"爱"。

作者在书里对爱的阐述非常深刻。"爱"到底是什么？相信很多人活了大半辈子也解释不清或者根本不知道什么是爱。作者帮我们厘清了真正的"爱"与"坠入情网""爱好""自我牺牲"等概念的关系。有些人认为爱等同于"坠入情网"，但实际上这只是浪漫爱情的神话；有些人认为"爱好"也是一种爱，但实际上只有爱的对象是人，才能有助于心智的成长；有些人认为愿意为别人牺牲就是爱，殊不知"自我牺牲"反而会阻碍人的心智成熟，不是真爱。爱，并不是一种感觉，而是关注，敢于冒"失落""投入""独立"和"冲突"等风险而前行的行为才是爱。

真正的爱，是为了促进自己和他人心智成熟而不断拓展自我界限、实现自我完善的一种意愿。自律的原动力来自爱，自律是将爱转化为实际行动的具体方法。所有的爱都离不开自律。真正懂得爱的人，必然懂得自我约束，并会以此促进双方的心智成熟。

二、人人都有心理问题

《少有人走的路：心智成熟的旅程》这本书最精彩的部分，莫过于作者对信仰和世界观以及对恩典的论证。在这两部分内容中，充斥着对神学和科学的辩证统一的论证。作者通过对"奇迹"和"恩典"的定义、"潜意识"和"意识"的相互作用以及"熵""原罪——懒惰"和"邪恶"之间的关系的论述，让我们明白每个人都有两个自己：一个是病态的，一个是健康的。即使内心充满恐惧，性情无比固执，我们的身体里都有一部分神奇、积极的力量，推动个人乃至整个人类克服懒惰和其他自然阻力，推动着我们的心智成熟，这就是"爱"。在每个人的身体中都有向往神性的本能，都有达到完美境界（成为"上帝"）的欲望，同时也有懒惰的原罪。只有接纳恩典，抗拒惰性，挺身而出，成为力量的使者和代言人，才能促进自身的心智成熟。

对照自己的现状，我认为自己的惰性也很大，也患有"升迁神经官能症"。我的内心也是不希望得到升职，不希望处于更高地位或者承担更多责任，不希望接受更大的挑战，归根结底还是因为懒惰。看完这本书，我找到了努力的方向。我不能一直贪图安逸，要敢于面对自己的惰性，努力消除懒惰这个原罪，减少熵的力量，使自己得到进步，促进心智的成熟。

心智成熟的旅程是很艰苦的，所以作者才说这是一条"少有人走的路"。但这是一条全人类心灵进化意义上的路，无论如何，作为一个人，总要明白人生的意义所在，努力追求更高的精神境界，而不是得过且过地虚度一生。

当然，书中充斥着各种哲学、心理学的理论和实践知识，只读一次，很难完全领会作者的观点，需要多次阅读才能深刻体会。相信每读一次，都会有不同的收获，怪不得万博老师极力推荐这本书。期待大家一起阅读、讨论交流。

3

第 三 篇

学习体会，成长摇篮，提升班主任探索力

　　做个有心人，学习将无处不在；想要成为更好的自己，学习将会变得如此快乐。快乐的学习，往往成就有益的探索。在探索的旅程中，很多人、很多事、很多物，都带给我更多的触动，诸如听名师的讲座，总在不经意间，为理论找到一个支点，将其转化为可行的方案；参加教学研讨，这是思想与思想的碰撞，碰撞出的是教育追梦的快乐，收获的是一路花香。

名师引领下的专业化发展

——2015年第六期广州教育大讲坛培训有感

2015年10月29日，南沙区名班主任刘顺宜工作室主持人刘顺宜和成员吴淑婷到广州大学桂花岗学术交流中心三楼耀光厅参加2015年第六期广州教育大讲坛培训活动。培训主讲是北京大学老教授协会、基础教育研究与发展中心的赵钰琳教授。赵钰琳教授早上与我们谈了"深化考试招生制度改革下的教育思考"，下午与我们谈了"教师专业化发展及名师成长"。课讲得生动有内涵，深入浅出，我们都收获颇丰。而让我印象最深刻的要数下午的讲座了。下面我谈谈对讲座的一些体会。

赵钰琳教授用三个案例跟我们说明了如何实现教师专业化发展。

一、北大附中数学特级教师张思明老师的成长案例

张思明老师的四感——光荣感、使命感、责任感和幸福感，让我明白"爱与责任是师德之魂"，师德是教师的"内动力"，教师具有强大的"内动力"，他就一定会在专业化发展上永不停步。张思明老师成长和专业发展案例深深地感动了我。

二、北京101中学副校长、语文特级教师程翔老师的成长案例

程翔老师的作文讲评课"一块手帕"的故事深深打动了我。这个故事反映了程翔老师具有的教育智慧，它也告诉我们，爱护、尊重、理解、宽容和引导是我们应有的学生观，一位优秀的教师不单是知识对知识的导师，更是学生精神的导师，课堂教学不单是知识对知识的传递，更是心灵对心灵的碰撞与交流。

三、数学特级教师、北京市优秀班主任陆剑鸣老师的成长案例

陆剑鸣老师《爱的絮语——四十五封生日贺信》反映了她关爱学生、尊重学生的崇高的"爱的教育"境界。她的"三用"——用力、用心和用情，深深地打动了我。作为班主任，就应该要做到"三用"。"用力"就是不辞辛苦，肯于付出；"用心"就是善于思考，勇于创新；"用情"就是人格魅力，以情育人。陆剑鸣老师用她的行动告诉我们：真情的爱和责任感是教育生命力的基础，也是教师师德灵魂的集中体现，而教师与学生平等相处、尊重学生人格、虚心向学生学习，则是开启教师与学生心灵交流的钥匙，一旦教师与学生建立了这种真情互动的朋友关系，教育的力量就会极大地显现出来。这种做法跟我们工作室的主题——德育生态系统里面的协调好学生与教师的关系因素是不谋而合的。

从这些名师中我们发现了一个规律：一位缺失专业化素养和专业化情怀的教师，老是埋怨和盯住学生的缺点、不足与问题，并且用冷面孔和苛刻的态度去训斥与指责。而一位具有专业化素养和专业化情怀的教师总是努力去发现与发掘学生的特长、优点和生命的闪光点，并且用自己的人格魅力和热情的态度去影响与呵护学生成长、发展。因此，我们应该常常以这三位名师的做法来对照鞭策自己的行为，争取实现自己的专业化发展。

借理论找方法

——听刘永志老师讲座有感

2019年3月26日，有幸在鱼窝头中学听到了省名班主任工作室主持人刘永志老师的《共建共赢创辉煌——工作室"三维一体"发展模式探讨》的讲座。这个讲座让一直迷茫于如何建立新的广州市工作室的我找到了方向和思路。

刘永志老师的前言就很与众不同。"一个人走得快，但不一定走得远；一群人走得远，但一定需要一只领头羊。"这句话真实反映了工作室的作用，而作为工作室主持人的我们，真的要不断学习，不断进步，才能当好这只"领头羊"。我真切感受到无比的压力和责任。但是，正是因为有这份压力和责任的存在，迫使我们主持人更注重学习、交流和研究，我们所带的团队才能进步，才会走得更快、更远。这应该是我工作室未来努力的目标和方向。

之后，刘永志老师从团队建设性质、团队建设原则、团队建设信念、团队建设特点和团队发展阶段这五个方面阐述了工作室发展的模式。

在团队建设性质中，他提到名班主任工作室既是一个民间团队，也是一个专业团队和服务团队。这一点我非常认同，我时刻记得在第一次市名班主任主持人集中培训的时候刘心愿处长说的话："名班主任就是一名班主任，离开了学校和教育局，你什么都不是，因为你手头上没权没钱，什么都没有，因此名班主任工作室首先应该为学校和地区的班主任建设服务。"刘永志老师的观点跟刘心愿处长的观点是一致的。因此作为名班主任工作室主持人，我们一定要摆正心态，时刻记得工作室只是一个民间团队，因为它具有专业性，所以能更好地服务我们的学校和地区教育。

在团队建设原则方面，刘永志老师谈到，以人为本、和谐沟通、合力共存是建设的原则。他提到，工作室的建设千万不要急功近利，要以工作室成员和学员为本，不能强迫，要和谐沟通，最好先坐下来吃个饭慢慢了解大家的想法，这样才能做到合力共存，因为每个人都抱着不同的想法和态度到工作室来，我们要接受他们的不同想法，才能使大家在求同存异中得到更好的协调发展，共同进步。这跟我们导师黄利老师的观点是一样的，她老是教育我们，工作室建设不要急，要慢慢来，一步一个脚印。看了刘永志老师工作室的建设过程，我深刻理解到这一点。

刘永志老师对团队建设信念这部分进行了详细的讲解。他从信任、希望、快乐、机会和至善五个方面阐述了什么是团队建设信念。听完了讲解，我更深刻地理解了工作室对于成员和学员的平台作用，作为主持人，我该如何去建立跟成员和学员之间的信任，使大家利用工作室这个平台找到进步的希望和快乐的源泉，从而使班主任工作不是任务，而是成为一种生活方式？这是一个值得我不断思考和探索的问题。当然要能胜任这项工作，我需要好好提高他谈到的主持人应该具有的领导力：胜任力、决断力、贯彻力、亲和力和创新力。虽然难度挺大的，但是我会努力去做到。

在团队建设特点阐述中，刘老师再一次强调了主持人跟成员、学员的互助关系及跟学校和上级部门的互惠依托关系。在团队发展阶段讲解中，他认为工作室的建设应该从无到有（筹备建设阶段和常规形成阶段），从有到优（联盟互学阶段和品牌打造阶段）。我们工作室现在还处在第一阶段中，我必须从考虑个人优势、配合学校特色和结合区域服务这几个方面去进行工作室的筹备建设。相信通过大家的共同努力，一定能得到比较好的发展。

之后，刘永志老师通过他工作室的验收汇报跟我们详细谈了他的省名班主任工作室的建设过程：以"三级梯队"创新班主任专业成长路径；以任务驱动带动唤醒班主任成长自觉；以活动创新引领班主任实现自主提升；以协同联动助力区域班主任专业发展。他的很多做法给了我开展工作室工作的新思路，如任务驱动和任务达标记录卡、线上研讨和线下现场观摩等。虽然现在我的思路还是有点乱，但是我相信经过仔细的思考和参照刘老师的做法，我一定能使思路更清晰明了。我认同刘永志老师对工作室工作的概括：所有工作室的工作都应该是指向人，为了人的发展。

很感谢詹高照工作室为我们提供了这么好的一次学习机会，让我收获真的很大。最后，用詹老师的一句话来总结：理论是人家的，方法是自己的。所以，我们要借助别人的理论，找到适合自己的方法来开展工作，这才是后阶段我工作的重点。

活动促成长

——听《搭建共育平台，实现家校双赢》讲座有感

2018年10月24日，我们一行人有幸来到南沙一中，听取了南沙一中刘淑敏老师《如何制作微信公众号》的讲座和广东省名班主任万博工作室主持人万博老师的《搭建共育平台，实现家校双赢》的讲座。

刘淑敏老师的讲座图文并茂地教我们如何申请微信公众号，如何管理、编辑和发布文章，并且跟我们探讨了通讯稿的标题、内容和推广方面的问题。刘老师的讲座细致入微，跟我们分享了很多细节的东西，让我们收获很多。现在，我们都基本懂得如何去制作微信公众号，相信这样会对工作室以后工作的推广起到很大的作用。

万博老师的讲座相当精彩，她首先从个人的经历说起，谈自己这么多年来对教育的追求。她谈到的一个个鲜活的教育案例让我们感动至深。她提到要教育孩子，班主任首先"三观"要正，生活观、爱情观、价值观要正确，才能引导我们的孩子经历一个又一个困难，从而得到成长。万老师跟我们分享了她挖掘家庭教育资源的方法：她把学生的家庭分为"外来务工人员家庭""城中村村民家庭"和"知识分子家庭"，然后按照"生活习惯—搵食途径—村史研究—家访活动"这个思路搭建共育平台。她特别强调了两点：要从"搵食途径"里面找亮点，家访只能送温暖不能送问题。如何实现家校双赢，她的方法是组织家校共读。她跟我们强调了组织家校共读须知，并且谈了共读共赏的意义。万博老师按照家长的文化水平实行分层共读，把共读的内容分为电影、好书和电视栏目，设计了相对应的问题，让学生与家长带着问题去看书、看电影和看电视栏目，并且设计了相应的表格让他们谈看法、谈感受。这样的方式让学生、家长和老师都能共同成长、共同收获与共同成熟。她还利用节假日跟家长、孩子一起去搞活动。她通过这样的做法，实现家校双赢。

万博老师的讲座让我收获很多，我受到了很大的启发，也决定采用她的家校共

读的方式来实现家校双赢。所以，我在接下来的家长会上就跟家长们开展了与孩子一起看电影的活动，活动效果非常好，许多家长反映经过这个活动，亲子关系融洽了很多，自己对孩子的了解深入了。孩子和家长共同成长了，他们都非常愿意继续参加这类活动。我想，我以后也会尝试多组织学生和家长的亲子活动来进行家校共育。万博老师的这个讲座让我在班主任工作中找到了方向和方法，真的非常感谢！

体验促进认知，感悟触动心灵

——《体验式主题班会课模式》讲座有感

2019年5月22日，有幸在华南师范大学第二附属中学听了番禺区大石中学苏雪梅老师的《体验式主题班会课模式》的讲座，获益匪浅。下面谈谈我的感受。

苏老师的讲座跟别的讲座不一样的地方，是讲座开始就来一个体验的热身，让我们穿黑衣服的老师一起去参加体验活动，结果这些老师最终在其他老师的帮助下成功完成了任务，相信这些参与活动的老师一定感悟很深。接着，苏老师从对主题班会课的思考和感悟式主题班会课的模式探索两个方面给我们讲述了她对感悟式主题班会课的研究。她通过大量的课堂实例，为我们呈现她的观点。她认为主题班会课一般包括对象、内容、特点和类型这些元素，它是为了解决问题、指导方法、塑造班风、改善关系、营造氛围等而设计的，而感悟式主题班会课主要是通过学生参与体验活动并且在活动中去感悟的形式来开展的。它最大的好处是能做到真正的生成，并且生成的东西是原生态的，然后通过老师的点拨达到升华并内化为自己的东西，从而促进学生的行为。她觉得这种班会课的一般模式是情景融入—体验认知—感悟升华—内化促行。她通过大量的课堂案例给我们介绍了怎样去利用这个一般模式进行主题班会课的设计，整个讲座干货满满，大家都听得津津有味。最后，苏老师还让我们分组就一个主题进行头脑风暴的班会课设计，还让三个小组给我们分享了设计方案。相信大家的收获都很丰厚。

其实，我的收获除了苏老师的讲座内容以外，更多的是从讲座中渗透出来的这种体悟式的思想。因为苏老师的讲座本身就是一个体悟式的讲座，从讲座前的热身活动，到讲座中的各种案例的解释，再到最后的头脑风暴和分享，其实就是从情景融入、体验认知，再到感悟升华、内化促行的过程。苏老师用她的讲座让我们真切体会到什么是体悟式的教学。我还真的是第一次聆听到这样的讲座，触动很大。就正如苏老师的话："I hear and I forget. I see and I remember. I do and I understand."

　　确实，体验能促进认知，感悟能促动心灵。真正的教育是一棵树去摇动另一棵树，一朵云去推动另一朵云，一个灵魂去唤醒另一个灵魂。作为教育者的我们，应该多学习，多想办法，多让学生参与，以活动为载体，让学生真正有所感悟，触动心灵的那根弦，这样的教育效果会比我们说上一百遍都好。

班主任的幸福感

——听王家文老师《素材型班会课》有感

2018年4月2日，南沙大岗中学迎来了广东省名班主任、第七届全国优秀班主任王家文老师。王家文老师被誉为"中国素材型班会课的先行者和领军人"，他制作的素材无论是技术上还是艺术上都达到了比较高的水平，常常把学生感动得热泪盈眶或激励得热血沸腾。这次，王家文老师为我们工作室和南沙大岗中学全体班主任带来了一场《素材型班会课》的精彩讲座。在倾听了王家文老师的精彩讲座后，我受益良多，其中以下几点感受至深。

一、班主任是学生三年思想教育的规划者和总设计师

班主任要善于捕捉学生思想教育的敏感时期，然后加以利用，让学生能顺利度过三年的初中或者高中的学习时光，学业得到发展的同时，留下美好的回忆，身心都得到全面发展。王家文老师的《素材型班会课》就是在很好地捕捉到这些敏感时期后，以音乐、视频、活动等形式作为班会课的载体，带领学生经历一个又一个难关。王家文老师以八个主题班会课为例，告诉我们该如何去规划和实施："上好一节情感课"能拉近学生、家长和班主任的距离，能让学生和家长在一开始接触你的时候更认同你，为以后的班主任工作埋下伏笔、做好铺垫；"做好一节团体协作课"让学生有了归属感，更加信任你；班级常规管理的创新——教室卫生承包制，阿米巴企业管理理念，让学生学会自己管理自己，让你更省心省力；在学生开始出现早恋现象的时候，班主任的情感教育要入心，陪伴孩子蹚过青春之河；当学生进入毕业年级迷茫的时候，班主任要陪伴彷徨的后进生做好一件事；在临近高考和中考的最关键时刻，唱好那一首歌，让学生明白在最艰难的岁月里有我也有你；在学生出征的日子里，通过谐趣励志视频进行送考前的演讲，减轻压力；毕业了，刻录一个作品送给孩子们，记录那一段终生难忘的岁月。从这八节典型的班会课中，我们看到了作为班主任要抓住学生成长的关键时期，设计好班会课，才能做好学生思

想教育的规划者和总设计师。

二、班主任身上的责任重大

要做好学生三年思想教育的规划者不易，除了要用心观察、思考之外，还需要过硬的专业素养，才能在学生思想行为出现问题的时候及时做出正确的、适当的指导，使学生渡过一个又一个难关。其中过硬的专业素养哪里来？我认为从多读书中来，从多实践中来，从平时多留心收集资料中来。因为我是第二次听王家文老师的讲座，自第一次听了他的讲座后，我就明白班主任手上应该拥有多种素材，以便在教育学生的时候能顺手拈来。于是，我也开启了平时素材的积累之路。我除了平时读书时留心摘录外，在网上尤其是微信上看过的有教育意义的小视频，我都收藏好，以备不时之需。久而久之，确实收藏了不少，而且我在应用过程中不断整合，收到了不错的教育效果。当然，比起王家文老师来，我的工作做得还是太少。日后，我一定要更加努力提高自身的专业素养，争取当一名称职的规划者。

三、创造有自己特色的班级文化非常有必要

"心安即强大"是王家文老师所带班级的口号，或者更多的是学生的信念，无论是学习上还是做人做事上，能让学生对待事情的态度有这样的高度，相信肯定是王家文老师在班级管理中不断潜移默化的结果。而这样的班级文化对每一个学生的影响将是一辈子的。这一点是非常值得我们班主任学习和深思的：如何确定有自己特色的班级文化？怎样在班级管理的点点滴滴中渗透这个班级文化？怎样利用这个班级文化引导学生们处理学习生活中的问题？……

四、班主任的幸福在哪里

当前，由于班主任的工作量大，责任也大，而报酬又相对比较少，很多老师都不大愿意当班主任，甚至有些学校到了"一任难求"的地步。王家文老师在讲座中告诉了我们班主任的幸福在哪里。他在讲座中多次提到，上完班会课转身离开的那一瞬间，看到学生崇拜的眼神，让他觉得特别自豪；他也提到，学生教师节发来的点滴语言、感恩之语，让他觉得自己特别"伟大"。我认为这些比任何的金钱报酬要无价得多。作为教师，尤其是班主任，除了拥有三尺讲台以外，其实我们可以拥有更多，这需要我们用心去挖掘，用心去体会。正如王家文老师所说的："与生命交流的快乐，塑造生命的快乐。"我想，这就是班主任的幸福所在吧！

总的来说，听完王家文老师的讲座，收获甚多，以上是其中尤为深刻的几点，写下来跟大家共勉。

做有温度的教育

——听玉岩中学熊峰老师讲座有感

2018年5月2日下午，我有幸在南沙东涌中学听到了玉岩中学熊峰老师有关高考前30天的备考讲座——《力度　高度　温度》。熊峰老师是广州市首批中小学名班主任、广州市中小学名班主任工作室首席主持人、广东省中小学名班主任工作室主持人，他现在担任广州市玉岩中学教师发展处主任、高三年级级长。

熊老师首先从《国家中长期教育改革和发展规划纲要2010—2020年》的目标讲起，提出对学生的教育必须培养全面发展的学生，然后又通过《中小学班主任工作规定》提出对班主任的要求。接着熊老师就从"力度、高度、温度"三个方面去阐述在高考前30天的备课意见。讲座非常精彩，有非常大的实践意义和实用价值，让我受益匪浅。下面谈谈让我感受最深的几点。

一、德育是智育的动力系统

很多老师和家长都认为，高三应该是除了学习就是学习的时候，其他的一切活动都应该靠边站。但是熊老师却不一样，在高三这么紧张的日子里，他为老师、为学生安排了一系列有意义的精彩活动，让老师们和学生们在紧张的学习、工作中释放出来，真正做到张弛有道，从而达到培养全面发展学生的目标。在这一点上，我非常同意熊老师的观点和做法，紧张的学习更需要德育的指导，因为德育是智育的动力系统，一旦学生的心理出问题了，学习也肯定出问题，所以作为毕业班班主任的我们更要看重这个动力系统，要让动力系统有序地运转，从而为智育服务。

二、做有温度的教育

温度，其实就是归属感的问题。如何让学生对班级有归属感？通过丰富多彩的活动。这些活动包括学生之间的活动、师生之间的活动和学生与家长之间的活动。通过学生之间的活动，学生与学生之间更容易建立深厚的友谊，学生更能明白同伴的意义，更能感受集体荣誉感带来的心灵的冲击；通过师生之间的活动，学生和老师之间更容易建立起互相尊重、互相信任的和谐的师生关系，这种和谐的师生关系更容易促进学生的学业发展；通过学生与家长之间的活动，学生与家长之间能充分沟通，更能建立起融洽的亲子关系。这种有温度的教育，使老师、学生、家长形成一个融合体，就像家一样，是温馨的港湾，是成长的摇篮；有了这种有温度的教育，才能帮助学生在失败中找到感情的依托，有站起来的勇气和力量。因此，作为班主任的我们，要设法组织丰富多彩的活动，努力做有温度的教育。

三、建立有特色的班级文化非常有必要

在讲座中，熊老师从"翠竹园"活动中提取出来的虚心、坚强、正直、上进的班级文化让我印象非常深刻。俗话说："环境造就人。"一个班级的文化环境对于学生的熏陶是潜移默化的，它对学生的成长起到举足轻重的作用。因此，如何通过班级活动提取班级文化，值得我们一线班主任深思。

总的来说，这次讲座的收获非常大，谢谢熊老师！

教育是人对人的影响

我有幸参加《新班主任》杂志在中山举办的班主任研修活动，听了来自南京市第三中学的陈宇老师和开封民开教育集团贾高见校长的讲座，最大的感受是领悟到了教育的真正意义是人对人的影响。如何见得？

一、两位专家的做法都共同体现了"对学生最好的爱就是帮他们解决问题"这句话

虽然两位专家的讲座内容完全不一样，陈宇老师讲的是班级管理的实践与创新，而贾高见校长讲的是活动体验型班会课的实践与思考，但是他们所讲的内容无不告诉我们，对学生最好的爱就是帮助他们解决问题。陈宇老师的班级5S管理——整理、整顿、清扫、清洁和素养，实际上就是一直在为培养学生的素养服务。无论是座位的摆放，储物箱子的购买，还是复印机、冰箱、微波炉的购买与使用，看上去都是为5S服务的，但实际上最深层次的是反映他对孩子的爱——帮助他们解决问题。贾高见校长所列举的主题班会课例"超越自我""自卑与超越""感悟团队"等都是基于学生的问题而设计的，也无一不体现出对孩子的爱。他说，我们对孩子应该有充足的爱和坚守的原则。我认为他们对学生的教育之所以成功，是因为学生感受到了他们的爱，这种爱的影响比任何管理方式或者是体验活动都来得更真切有效，所以真正让孩子们得到教育的更多的应该是班主任的爱对他们的影响，而不是教育的方式。

二、班主任最应该给学生的是希望

陈宇老师和贾高见校长在讲座中不谋而合地谈到，作为一名班主任，最应该给孩子们的是希望。陈宇老师讲到，班主任在接手一个新班的时候，无论班级的基础是怎么样的，都要给予孩子们美好的愿景，要让孩子们认为跟着他一起努力，一定能实现那个他们心目中的美好班级的愿望。而贾高见校长也谈到班主任应该是希望的传递者，无论班主任自己信不信，都要让孩子看到希望，让家长看到希望。很多

时候，只要学生看到老师充满希望，他们就会不自觉地受到影响，也会对自己充满希望。而这种影响是非常深远的。但很多班主任并没有意识到这一点，当他们接到一个新班尤其是差班的时候，心里都是很不情愿的，觉得学校怎么这样对待自己，然后他们很容易把这种负面情绪通过日常的行为传递给孩子，让孩子感觉不到自己存在的价值和意义，从而自暴自弃。两位专家所在学校的生源在当地的层次不高，但是他们都能带给学生积极的正能量，让他们重拾信心，真正找到自己在班级中的价值和意义，从而获得不一样的人生观和价值观，这真是非常值得我们学习的，我一定以这两位老师的做法不断警醒自己。

三、班主任要教育好学生，自己本身应该具备比学生更高的智慧

陈宇老师在讲座中提到的吼叫式管理不如走动式管理、水牌的使用、按需设岗和因人设岗等的管理细节，以及贾高见校长在讲座中谈到的启发式提问、体验式活动等，无一不反映出他们的教育智慧。如果班主任自己都不具备比学生更高的智慧，自己的价值观和世界观都是不完全正确的，那么他怎么去引领学生走得更高更远呢？正所谓班主任的高度决定了学生的高度。那么，我们该如何去获得更高的智慧？我认为，多读书，多跟不同阶层的人接触是比较有效的途径。班主任一定要不断学习，才能跟得上时代的步伐、学生的节奏，否则怎么能影响自己的学生，以达到育人的效果呢？！

教育就是一棵树摇动一棵树，一朵云推动一朵云，一个灵魂唤醒另一个灵魂。其实就是人对人的影响。作为一线班主任，我们更应该懂得这个道理，用我们的爱、美好愿景和智慧去影响我们的学生，以达到育人的目的。

用心做教育的班主任最美

——"学会改变的你最美"主题班会课活动方案

2019年4月14日早上，在榄核中学听了黄杏彩老师的主题班会课"学会改变的你最美"，并参加了"如何做好初中小学的思想和学习的过渡与衔接"的专题研讨。在活动中，我看到了一颗认真执着做教育的心。所以，我最大的感受是用心做教育的班主任最美！以下是我的几点体会。

一、学生组织班会课成常态，学生能力有提高

从杏彩老师的主题班会课中，我们可以看到学生组织班会课是她的班级常态。从两位学生主持镇定自若、表达自然通畅、配合默契中，我们可以看到这种学生组织班会课的形式确确实实让学生的组织能力和语言能力得到很好的锻炼；从每个小组的学生都能积极发言、乐于分享的氛围中，我们看到了合作和团结。这样的主题班会课一旦成为常态，学生的各种能力都一定会得到大大的提高。而能把这样的班会课做成常态，相信过程中少不了杏彩老师的大量心血！

二、系列主题班会课开展，班级德育有规划

杏彩老师的主题班会课不但每周由不同的小组承担，而且这些主题班会课是有系列的，是针对班上孩子们的心理和年龄变化会发生的问题在学期初就有预设与规划的。例如，本周的主题是"学会改变的你最美"，是针对初一学生犯错误后，该如何承认错误并鼓励他们去改变而设计的，而下一周的主题是"能坚持的你最美"，就是针对改正错误中的反复行为而设计的。这些系列主题班会课既反映了杏彩老师的班主任工作具有前瞻性，又反映了她的班主任工作具有延续性。班级德育

就在这种规划中有条不紊地进行着。

三、小组合作管理，班级文化建设有特色

杏彩老师的班分成六个小组，每个小组都有自己的名字，有代表自己小组的花朵，小组内组员凝聚力强，都能团结合作，共同完成任务。班级文化建设在小组的合作管理中得到有效的推进。他们有小组分享的记录本，负责分享的组员负责每一次分享的记录，这样的记录本将成为孩子们成长的最好见证！德育工作能做到如此细致到位，可见非常用心！

四、专题研讨真切关注学生成长，方法策略有见地

本期研讨的问题是杏彩老师根据初一学生普遍存在的问题而设计的，是她日常班级德育工作中遇到的困惑。她把问题抛出来，希望利用集体的力量一起解决。这是实实在在的问题，真切关注学生成长的问题，老师们提出来的方法策略都非常有见地，值得大家一起努力实施和完善。

从以上的几点体会中，我们不难看出黄杏彩老师的班级德育工作非常用心、到位，执着认真。所以我认为，用心做教育的班主任最美！能做她的学生真幸运！

附：

"学会改变的你最美"主题班会课活动方案

【活动背景】

我们班的孩子从六年级进入初一，经过一个学期的衔接、磨合、适应，现在很多孩子已经从角色上转变，认真学习和生活，逐渐独立自主，形成良好的习惯。但是仍有一部分孩子对事物的判断能力相对落后，没有很好地按照学校行为规范和学习规范要求自己，总出现这样或那样的一些不良行为和习惯，甚至犯一些严重的错误。不成熟的孩子会"犯错"是在所难免的，有时候错误也是一种很好的教育资源，因此，本节班会课主要是如何正确引导学生学会辨别对错，在错误中自我反省，严格要求自己，从细节中自我改变，逐渐形成良好的班风。

【活动目的】

1. 利用展示班里出现的某些不良行为进行分析引导，让学生明辨对错，分析原因，勇敢面对，知错就改，才能不断进步。

2. 通过体验活动使学生懂得主动诚恳道歉，争取谅解，和解矛盾，修正错误；面对他人错误，则学会换位思考、宽容、鼓励，为他人树信心、明方向。

3. 结合本次班会课引导学生学会如何独立自主正确处理自己和他人的问题，促进自我管理，不断成长。

【活动重点】

通过体验活动使学生懂得主动诚恳道歉，争取谅解，和解矛盾，修正错误；面对他人错误，则学会换位思考、宽容、鼓励，为他人树信心、明方向。

【活动难点】

引导学生学会如何独立自主正确处理自己和他人的问题，促进自我管理，不断成长。

【活动对象】

初一学生。

【活动形式】

学生主持，小组合作。

【活动准备】

素材准备：收集班内一些问题的图片或视频，整理编辑成一个片段。

道具准备：音频资料、心形便利贴、纸板、白纸、铅笔、橡皮擦。

【活动过程】

环节	主持人活动	学生活动	设计意图
情境导入	两位主持人进入课室时，展示本班学生日常学习和生活中有意、无意的错误或不良行为	学生边看边思考	利用学生日常情景，引起学生思考
头脑风暴	1. 提出问题：同学们，刚刚进课室时，你们发现了什么？ 2. 展示一组视频。 3. 提出问题：这是我们某一个晚修的片段，那天我班被扣了分，常规评比中成了全级倒数第一，作为班里的一分子，你的感受怎么样？ 4. 事例分析：粗口、闲言闲语、无心之失	1. 学生回答问题。 2. 学生观看视频。 3. 学生回答问题	直观地提出班级存在的问题，引发学生的思考，为下一环节的讨论做准备
小组讨论	请大家支支着，进行分组讨论： 1. 我有过哪些不够好的行为呢？ 2. 作为当事人，你是如何对待的，你的想法是怎样的？ 3. 作为受害方，你是怎么对待这个问题的，心理感受是怎样的？ 4. 作为旁观者，你又怎样解决这样的问题	组长记下问题，作为讨论的主题，并进行小组讨论，把讨论结果写在他们组的思维导图上，向全班展示	通过小组讨论分析，让学生明辨对错，分析原因，勇敢面对，知错就改，才能不断进步

续 表

环节	主持人活动	学生活动	设计意图
体验强化	1. 小活动：请同学们在白纸上用铅笔轻轻随意画一道线，然后用橡皮擦擦掉；第二次接着在这条线上反复画线几次，再用橡皮擦擦掉。 2. 两次的对比，你发现了什么？单一条线与多条重复的线，擦起来的感受怎样？擦完后的痕迹怎样？给我们怎样的启示	1. 学生按要求完成体验。 2. 思考并回答问题	让学生明白不能在同一个错误上反复犯错，要有羞耻心，承认错误，更要知错能改，并以积极乐观的心态去面对和承担因你的犯错所导致的后果与责任，甚至惩罚等
行动内化	1. 名人名言或名人故事深化。 2. 视频：《后来的我们》。 3. 请当事人说心声、表歉意、和解，引领学生前进的动力。 4. 活动体验：同桌之间互相掰开对方紧握的拳头。 5. 让学生分享感受	1. 学生观看视频。 2. 学生听当事人说心声。 3. 学生参与体验活动，并分享感受	通过体验活动使学生懂得主动诚恳道歉，争取谅解，和解矛盾，修正错误；面对他人错误，则学会换位思考、宽容、鼓励，为他人树信心、明方向
课后提升	结合自己实际，写下你的收获和感悟，促进学生有更大的改进		

育高素质劳动者，造积极幸福人生

今天在岭东职中观摩了一节真人图书馆主题班会课——谭超老师开展的"实习故事——跳出心灵的樊笼，发现生活之美"，然后又聆听了潭山中学陈瑞蔼老师的《校园心理高危识别与化危为机》的讲座。看起来是两个不相干的东西，但是，我却觉得它们有共同的目的，就是谭超老师说的育高素质劳动者，朱春莉老师说的造积极幸福人生。

无论是真人图书馆还是心理危机干预，都是一种手段，其目的都是提高学生的素质，最后塑造出积极、幸福的人生。前者是给学生以分享、交流和展示的平台，让学生获得成就感并得到成长，从而感知生活的阳光与幸福；后者是通过识别学生的高危心理状态并实施正确的干预，给予有效的帮助，使学生重获自信、积极向上的生活状态。所以，二者的本质是一样的。

谭超的课让我感受很深，我看到了自己带的唯一一届初三的学生欧双悦的脱胎换骨——以前不苟言笑的他自信地、流畅地说了超过十分钟的个人实习过程和感受。他能有如此大的改变，我想离不开岭东职中老师们的悉心教导，也离不开谭超老师的先进教育理念的引导。真的很感谢他们对学生的无私付出！谭超老师说：也许高中老师要培养的是高素质的领导者、研究人员，但是职业中学也有职业中学的德育追求，他们的理念是培养高素质的劳动者，无论是工厂的流水线的生产工还是超市的收银员，首先希望他们的人格完整、生活态度积极向上。我非常认同他的观点。我经常说，现在的犯罪基本都是那些高智商、高学历的人所为，拼命追求学业成绩而忽视精神追求、道德品质的培养是教育最大的失败。所以我一直把学生德育放在首位。谭超老师是这么想的，我觉得他也做到了。无论是哪个学段的老师，只要心中怀有正确的价值观和教育追求并付诸行动，最终都会成就学生的幸福人生。因为作为他们的学生，本身就已经很幸福。

陈瑞蔼老师的讲座让我感同身受，因为最近我们班也发生了抑郁复发自残事件，我为这件事情也忙活了好长一段时间。所幸家长和其他同学能积极配合，抑郁学生的情绪暂时稳定下来。所以，作为班主任，确实需要懂得如何识别学生的高危心理状态，并及时给予干预。瑞蔼老师的讲座是及时雨，给了我们基本的方法指导。当然，这些指导需要我们在实践中不断领会和完善。以后大家在工作中遇到学生心理问题，我们要多请教瑞蔼老师，也可以在群里讨论，这样才能共同成长。

今天的活动，让我感受到工作室的伙伴们都在用不同的方式用心去育人，能跟这样的伙伴一起努力，我也感到特别幸运和幸福！最后，我觉得真人图书馆这种教学形式不但适合职业中学，各学段老师都可以学习并加以改进，形成各学段的特色教学形式。

附：

"18汽1揽胜班真人图书馆" 实习的故事
——跳出心灵的樊笼，发现生活之美

【活动设想】

通过18汽1班真人图书们分享的自己的实习故事，19汽1班学生能从师兄的经历中汲取到经验，为即将走向实习岗位的19级学生打下一个充满正能量的心理基础。激励读者面对心灵的困境时能走出心灵的樊笼，发现生活之美。因为，你选择了怎样的行为模式，你就选择了怎样的生活状态。你若选择，悉心发现他人的好，你就能时不时收获惊喜、快乐和幸福，让你的生活日日充盈着美好和希望。多多发现身边人的友善，成为快乐常在的人。并能通过这次分享，让自己和读者们都能切实体会到24字社会主义核心价值观中，公民个人层面提出的爱国、敬业、诚信、友善中友善这一价值准则的内涵与感受。

【活动目标】

知识与技能：了解师兄们的实习故事，学习沟通技巧，锻炼学生的口头表达能力。

情感态度与价值观：促进同伴间的进一步沟通了解，以人推己加强同伴间的教育。

【活动重点】

真人书同学能清楚明了地讲述自己的实习故事。

【活动难点】

阅读真人书的同学能良好有效地与真人书同学沟通，并能分享自己的阅读感受。

【活动对象】

18汽1揽胜班全体学生、19汽1班学生。

【活动形式】

小组合作、活动体验。

【活动准备】

PPT课件。

【活动过程】

活动流程	教师活动	学生活动	设计意图
本次真人图书活动的主题（5分钟）	1. 介绍本次活动主题内容。 2. 讲述18汽1班实习概况。 3. 播放PPT	1. 分组就座。 2. 观看PPT	学生大致了解本次活动的主题，并加深对18汽1班实习经历的了解
真人图书简介（5分钟）	1. 播放PPT。 2. 结合PPT简单介绍每本真人书	1. 观看PPT。 2. 听每本真人书简短自我介绍	对每本真人书有一个初步的了解
开始阅读真人书（10分钟）	1. 主持活动开始。 2. 掌握阅读时间10~15分钟	分组阅读真人书	1. 了解身边人的故事。 2. 以人推己加强同伴间的教育。 3. 锻炼学生的口头表达能力
阅读交流活动（5分钟）	1. 主持活动开始。 2. 掌握交流时间3~5分钟	对真人书同学提问交流	通过互动促进与真人书进一步的交流，解锁困惑，认清自己的成长方向，促进同伴间的进一步沟通
阅读分享活动（10分钟）	1. 主持活动开始。 2. 掌握交流时间8~10分钟	每组派代表分享阅读心得	1. 加深阅读体验。 2. 锻炼学生的归纳、小结及口头表达能力
真人书分享感受（3分钟）	1. 主持活动开始。 2. 掌握交流时间8~10分钟	分组就座聆听	1. 进一步加深对真人书的了解。 2. 锻炼学生的口头表达能力
班主任小结（2分钟）			

重新找到方向

——"梦想，从心启航"主题班会课听课有感

2016年4月15日，南沙麒麟中学的陈文旭老师为我们展示了一节"梦想，从心启航"的主题班会课。班会课由五个活动（分别是：小品《潇洒课堂》《找手机》《国足梦想前行》《未来我是——》和合唱《奇迹再现》）和活动总结组成。这节班会课主要是针对进入高二以来，班上有些同学学习散漫、没有目标和努力方向、浑浑噩噩、应付式完成作业和课堂精神不足等情况设计的，旨在引导学生确定目标，合理规划，让学习、生活变得更有意义。

我认为这节主题班会课的优点主要如下。

第一，整节班会课活动形式多样，有小品、游戏、实例分析、讨论和展示以及合唱等，每个活动紧紧相扣，节奏明快，让学生在活动中体会，在体会中感悟。尤其是《找手机》活动中，相信出来玩游戏的两位同学的体会非常深刻，如果没有方向，没有目标，是多么的彷徨无助，还有小品环节中反映的各种情况，虽然老师没有指明是哪个同学出现这些状况，但是这足以让学生反省自己的行为是否正确，比点明指出是谁的效果更好。

第二，班主任很善于并很及时利用生活中的例子，是生活的有心人。《国足梦想前行》的例子能及时地向学生展示奇迹就是这样发生的，班主任充分利用了自己数学老师的优势，提出算一算世界杯预选赛亚洲赛区12强中国队出线的概率。这个例子让学生们体会到再小的概率，还是可以实现的。因此，只要有梦想，并能一步步地为梦想付诸努力，即使梦想很渺茫，梦想还是有实现的机会的。正如有人所说的："梦想还是要有的，万一实现了呢。"

第三，老师说话风趣幽默，学生参与度高，课堂气氛良好，这说明学生跟老师平时的相处非常融洽。尤其是学生谈自己梦想的环节，学生都能大胆说出自己的梦想：美术老师、大老板、农场老板、村主任……这说明班主任的个人魅力大，并且能以个人魅力感染学生。

这节主题班会课唯一有待改进的地方是，当学生说出自己梦想的时候，班主任如果能及时引导学生认识要实现这个梦想，现在需要做什么准备，短期目标和长期目标是什么等，那么，相信班会课的效果会更好。

从总体来看，这是一节不错的主题班会课。陈文旭老师让我受教了。

附：

"梦想，从心启航"主题班会课教学设计

一、班会课设计背景

进入高二以来，班上有些同学学习散漫，没有目标和努力方向，浑浑噩噩度过，应付式地完成作业，课堂精神不足（睡眠不足，可能与玩手机有关）。同时，部分家长反映，孩子周末回家玩游戏，专心做低头一族，很少见在家完成作业。在晚修或自习课上，有些同学没有合理的计划，学习效率低下、效果不理想。学生在学习上缺乏动力，根本原因在于迷失了努力的方向。因此，本次以"梦想，从心启航"为主题设计班会课，旨在引导学生确定目标，合理规划，让学习生活变得更有意义。

二、班会课活动环节

班会课活动1：小品《潇洒课堂》

班会课活动2：《找手机》

游戏规则：我们首先用一块布蒙上玩家的眼睛，玩家转几圈，然后凭感觉寻找我手中的手机。（主持人掏出手机让玩家看）我要强调一点：在这位同学寻找手机的过程中，我希望在座的同学不要给他以任何的提示。（转向玩家）你对自己的方向感有信心吗？

（游戏准备：放手机，蒙眼，转圈。游戏开始）

（注：主持人想办法不让玩家找到，如可移动手机的位置。1分钟后，主持人让玩家停）

通过刚才这个游戏，我们知道，要找到一样东西，心中一定要有明确的目标。人生其实就是一个不断寻找东西的过程，谁都想追求更好的东西。要想活得精彩，就得确立人生目标，要有自己的理想。

班会课活动3：《国足梦想前行》

世界杯预选赛亚洲赛区12强中国队出线概率：

假设国足末轮取胜卡塔尔（必须满足），算一算出线机会。

以下五个条件须满足三个：

1. 约旦末轮不胜澳大利亚；

2. 朝鲜末轮不胜菲律宾；

3. 伊拉克末轮不胜越南；

4. 阿联酋末轮输给沙特；

5. 阿曼不能狂胜伊朗。

赛前澳媒预测：中国队出线渺茫，与泰国、叙利亚属最弱三队，但是中国的国家队教练组和足球运动员没有就此放弃，而是坚持着，因为理论上出线的梦想还在。结果是中国队真的出线了！全世界都沸腾……

这个事件告诉我们：只要有一线希望，我们就要坚持到底；就算明知道绝望，我们也不轻易改变，因为机会往往就存在于"九死一生"的境地。有梦想，才会有明确的目标和具体的行动，才会在困难挫折面前不放弃，敢于面对，敢于拼搏，全力做到更好。

班会课活动4：《未来我是——》寻找人生梦想，展示梦想

班会课活动5：合唱《奇迹再现》

就像阳光穿过黑夜

黎明悄悄划过天边

谁的身影穿梭轮回间

未来的路就在脚下

不要悲伤不要害怕

充满信心期盼着明天

新的风暴已经出现

怎么能够停滞不前

穿越时空竭尽全力

我会来到你身边

微笑面对危险

梦想成真不会遥远

鼓起勇气坚定向前

奇迹一定会出现

（略）

三、班会课活动总结：做更好的自己

人生因有梦想而充满动力，不怕你每天迈一小步，只怕你停滞不前。坚持，是生命的一种毅力！即使现在的你身上还有很多的缺点，离自己的目标还有相当大的距离，但只要你从现在开始，下定决心做更好的自己，尽最大的努力，一步一个脚印，哪怕一天进步一点点，相信不久后的将来，每个人都会成为更好的自己！

给学生更多的自信体验

——"爱相随，青春期与父母的沟通"主题班会课感想

2015年11月18日，我在大岗中学听了张雅琴老师的"爱相随，青春期与父母的沟通"主题班会课。本课的主题是我们工作室成员和张雅琴老师商讨后定下来的，目的是解决初中二年级学生与家长沟通存在困难的问题。初中学生进入青春期，他们面临着身体和心理的突变，很多学生会产生这样或那样不适应的问题。最为突出的一个就是学业上要求高了，另一个就是跟父母之间的交流沟通少了，矛盾也多了，正如人们所说的青春期遇上了更年期。选择这个主题也刚好跟我们工作室研究的主题——德育生态相关。在德育生态中，学生的德育形成有四个生态因子，分别是学校、家庭、社会和网络，而家庭这一个因子正是我们要研究的一部分。

这节课虽然有点瑕疵，但整体的效果很不错，主要有以下两个亮点。

第一，整节课的主持都是由学生负责的，课件的操作也是学生负责的，小品等活动都是学生自己设计、自己排练的，培养了学生的自我管理意识。我觉得这种做法非常好。正如张雅琴老师所说的，班主任的任务是教会学生如何学习、如何做人、如何面对以后人生的各种问题。学生的生活应该是丰富多彩的，应该给学生锻炼的空间，让他们多一些体验。所以放手给学生锻炼是这节课最大的亮点。

第二，主题班会课各个环节的设计都很新颖。播放儿时照片环节渲染了整节课的气氛，让学生回想起儿时与父母共度的快乐时光，马上进入了状态；四个小品两两对比，学生自导自演，幽默风趣，让整个课堂都充满了笑声；家长的发言也感人至深，用家长的"真"唤醒学生的"情"；音乐的选择非常到位，达到了烘托气氛的目的。

从这节课中，我也看到了这个班集体中有关德育生态的内容。

首先是学生之间充满了友爱。当学生发言由于太紧张，说不出话来时，下面的学生看到他的窘态，马上鼓掌给他加油，说明这是个非常友爱的班集体，学生之间的友谊非常深厚。

其次是班主任跟学生的关系很融洽。当学生面对家长读信，由于太过激动念不下去时，班主任立即过去拥抱他，让学生在自己怀抱里哭，为学生解说原因。这说明学生对教师是多么的信任，教师对学生的关爱也表露无遗，浓浓的师生情谊油然而生。

最后是班主任和家长的联系与沟通密切。从家长的到来和发言，无不表明张雅琴老师跟家长之间的沟通非常密切，否则家长是不会在百忙之中抽空来参加主题班会课并积极配合班主任做发言的。从家长的发言中，也可以知道张雅琴老师非常了解每一名学生的家庭情况，从而也说明教师跟家长的沟通非常到位。

当然，这节课也有美中不足的地方，如果小主持们能在每一个环节之间做好过渡，就不会显得下一个环节出现得太过突然；学生讨论时如果能让学生把观点写下来，学生发言的时候就不会那么紧张；如果在三则周记之后插入学生讨论——学生生活中与父母相处的各种烦恼，就更容易引起学生的共鸣了。

总的来说，我认为这节课是一节优秀的主题班会课。

附：

"爱相随，青春期与父母的沟通"主题班会课教学设计

【学情分析】

初中二年级学生主观意识增强，与父母的矛盾增多，那么学生如何与父母进行有效沟通、怎样处理和父母之间的矛盾成为亟须解决的问题。本次班会课的目的就是教育学生理性处理和父母之间的矛盾，增进父母和子女之间的感情，让爱陪伴学生成长。

【教学目标】

1. 如何与父母进行良好的沟通。

2. 理性处理和父母之间的矛盾。

【活动准备】

周记、照片、小品、信封、邮票、信纸。

【活动过程】

（一）时间都去哪儿了

播放同学们和父母旧时的照片，插播音乐《时间都去哪儿了》。

（二）最近比较烦

展示学生周记两篇。

周记一：

代沟，代沟，障碍，障碍……"为什么我和你说话那么累？"我向妈妈抛去一句话，随后头也不回地回房间去了。每次都是这样，为什么说句话都这么困难，为什么总是和妈妈因为一句话闹得不可开交，面红耳赤。她一生气就说我越来越叛逆，我便说她越来越不讲道理；她说我存心气她，我便说她自寻烦恼，没事找事。三天一小吵，五天一大吵，这日子真是没法过了。一个人窝在被窝里默默流泪，在床上大吃特吃零食，也许现在的我们也只能靠这样把坏心情一点一点吃掉。为什么呢？妈妈什么时候变得这么不讲道理了，为什么我和她之间总有一层戳不破的薄膜，现在连我的心情都不考虑了。也许是我们缺少沟通，也许是青春期遭遇更年期，才会引发这一发不可收拾的三天一小吵、五天一大吵的死循环。我总是抱怨你不讲道理，你总是抱怨我越大越任性，我越想越气。

周记二：

最近，少年宫开班了，许多家长都忙着帮孩子报名，我的爸妈也不例外。瞧，他们又在催我快点！说实话，我可不想报名，因为学校有那么多作业，还要做爸妈买的那些练习册，如果周六周日还要去上那些无聊的补习班，哦，天哪！……正因为这个，我和父母的矛盾连连升级。

瞧，红脸老爸和黑脸老妈轮番上阵劝说，听听他们都说了些什么："好呀，你瞧人家小孩都去上了，你又不去，要后退得很厉害呀！""就是就是，现在英语很重要，不得不巩固！那个数学也一样。"

看看，我简直弄不懂，大人的嘴皮子怎么那么厉害，不过，我也不是说上就上，说下就下的，我怎么都不行，爸妈看我的样就露出了邪恶的嘴脸，加封了电视机、电脑、食品储藏室、冰箱、书柜，连厨房都加了封条。

（三）想说爱你不容易

1. 表演小品《分数的悲剧》和《苹果惹的祸》。

2. 分小组讨论，遇到类似的情况应该怎么处理？（学生讨论时播放一首柔和的音乐）（提问一两个小组）

3. 家长谈谈看了小品之后有什么感受。

4. 再演小品《分数的悲剧》和《苹果惹的祸》。

（四）我想对您说

1. 现场写信给自己的父母。（学生写信时播放一首柔和的音乐）

2. 念信给到场的父母听。

3. 没有到场的父母寄信给父母。（现场寄，发信封）

插播音乐《心愿便利贴》。

（五）感恩的心

欣赏同学们跟父母现在的照片，插播音乐《父亲》（或者《感恩的心》）。

（六）班主任总结

友情也许会褪色，誓言也许会被遗忘，但亲情将永存人间。亲情，一个永恒的主题。正是这血浓于水的亲情，陪伴着我们走过每一个难忘的日子，谱写着我们多彩的人生。

帮助学生建立和谐的人际关系

——"换位思考，从心出发"听课感想

2016年3月31日，麒麟中学的梁文庭老师为我们展示了一节"换位思考，从心出发"的主题班会课。主题班会课从双关图引入，引出"同一张图，同样是看图，每个人的看法和做法都不一样""在生活中，当大家的看法不一致时，如果我们能换位思考，多一分理解，多一点沟通是不是更好"的问题。然后创设"带着四只动物一起去野外旅行，随着旅行的进程，不得不逐一丢弃它们，最后只能留下一种动物陪伴你，你会如何选择"的情境，让学生先思考再讨论，让他们对"同一件事，大家都可以有不同的看法，当别人的看法不一样的时候，怎么办"这个问题有了更深刻的理解。之后通过任务教学，每个小组完成信封里面的任务，并展示小组的成果，让学生明白"换位思考"其实就是要"从心出发"——从浅层的"对方需要什么、对方不需要什么"到深层的"尊重平等，有同理心，己所不欲，勿施于人"，最后升华到"尊重、关心、热情、善良、不封闭内心、涉及原则性的东西不可换位思考"的道理。

整节课设计流畅，节奏紧凑，一环扣一环，学生的参与度高，尤其是小组任务式教学，真正做到了以学生为主体。教师温文儒雅，跟学生关系融洽，循循善诱，不断引导学生去观察别人、理解别人、欣赏别人，将心比心，换一种方式去思考别人的难处，从而建立和谐的人际关系。

当然，这节课也有值得改进的地方，例如：小组活动的时间控制可以更好，这样班会课结束时就不会那么仓促；班会课最后如果能加一个"我以后会怎么做"的环节将更加完美；等等。

"教会学生怎样与同学、家长和老师沟通，处理好人际关系"是我们工作室研究的课题"德育生态研究"中的一个问题，梁文庭老师从她的理解为我们阐述了处理这些关系的一种方式，我们工作室以后将会在这个问题上进行更深入的探讨，也欢迎对这个问题有兴趣的教师一起来研究。

附：

换位思考，从心出发

【教学背景】

近日微信上有篇火爆文章《你有扶门的习惯吗？记得教给孩子》，阅读后我就在思考，一个人的魅力应展现在哪里？学术？财富？颜值？分数？都不是，而是懂得怎么与他人相处。只有与他人建立和谐关系的人，才能创造更多的个人价值，才能更健康快乐地生活。而要建立和谐的人际关系，得从封闭的自我世界里走出来，观察别人，理解别人，欣赏别人，换一种方式去思考别人，将心比心。现在的孩子自我意识很强，很多时候都只是站在自己的角度去看问题，只关心自己，只关注自己，如在安静的晚修课上会有课代表突然在讲台上大力敲一下桌子，或晚寝后还有同学毫无顾忌地洗澡说话，或有同学随地扔垃圾，或随意取花名，或与家长零沟通等，现象各式各样，问题层出不穷，根源都是不懂得换位思考，不懂得关爱他人。要做到换位思考，需要的是真心真诚和善良。

【教学目标】

1. 学会尊重他人的意见和看法。

2. 学会换位思考，体验他人的感受，增进双方的理解。

3. 学会积极乐观地思考问题，学会宽容、欣赏他人，做一个快乐的少年。

【教学重点】

学会尊重他人的意见和看法，换位思考，体验他人的感受。

【教学难点】

学会换位思考，学会宽容、欣赏他人。

【教学对象】

高一学生。

【教学准备】

全班分成六个小组，选好组长；多媒体课件。

【教学形式】

游戏活动、交流体验、小组讨论。

【教学过程】

环节	教师活动	学生活动	设计意图
图片导入，心有所动	1. 展示双关图，提问：你看到了什么？为什么不同的人看到的结果不同？ 2. 小结：同一张图，同样是看图，每个人的看法和做法都不一样，那么，在生活中，当大家的看法不一致时，如果我们能够换位思考，多一分理解，多一点沟通是不是更好呢	学生看图，思考问题，回答问题	用形象的有趣的图片来吸引学生的注意力，启发他们思考，让他们进入状态
创设情境，心为情动	1. 引入情景：假如你带四种动物（猴子、老虎、狗、大象）一起到野外去，随着旅行的进程，你发现同时带着它们变得越来越困难，你不得不逐一丢掉它们，最后只能留下一种动物陪伴你，你会如何选择？ 2. 小结	1. 每个学生独立思考、选择并填好表格。 2. 小组讨论，发表自己的意见，看小组能否达成共同意见。 3. 小组代表发言	通过游戏，让学生在冲突和矛盾的选择中深刻体会每个人都有自己的看法，在与人交往时要尊重他人的意见
换位思考，身体力行	1. 布置活动：老师手上有六个信封，每一组都会抽到一个信封，每个信封里都会有一个问题，请学生分析和回答。小组内每个人都要发言，每一组一位同学负责记录。 2. 小结	小组讨论，讨论结束后每组选派一名代表到讲台前汇报本组结果	通过讨论，进行脑力激荡，让每一个参与者都有机会发表自己的看法，从而让法则内化为个人的准则和行为
拓展升华，从心出发	1. 提问学生：你身边有哪些换位思考的例子？ 2. 播放歌曲《如果我们能缓一缓》。 3. 总结	1. 展示学生挖掘的人际关系中的换位思考的例子，丰富换位思考的内涵。 2. 欣赏歌曲	充分挖掘身边换位思考的例子，让学生感受自己和身边的正能量，进一步激发学生尝试换位思考以化解矛盾的动机

【板书设计】

换位思考，从心出发	浅层	深层
	对方需要什么	尊重平等，有同理心
	对方不需要什么	己所不欲，勿施于人
升华	尊重、关心、热情、善良、不封闭内心、涉及原则性的东西不可换位思考	

为德育教育开辟一条新途径

——"冲刺高考，携手共赢"听课感想

2016年3月31日，麒麟中学的张挺老师为我们展示了一节"冲刺高考，携手共赢"的主题班会课。这节班会课主要是针对高三一测后，学生出现的各种情况（考得好的学生沾沾自喜，考得不好的学生悲观失望、焦虑不安……）而设计的。张挺老师希望通过主题班会课中的活动、情景剧和情感分享等方式对学生出现的各种情况进行疏导并初步解决问题。班会课第一步，用歌曲《友情岁月》导入，让学生马上进入状态，唤起学生对三年来共同度过的岁月的回忆；第二步，通过"盲行"活动，让学生记住黑暗中牵引自己的那双手，记住那份默默的关怀；第三步，教师让学生利用头脑风暴方式写出自己的支持系统并分享自己的感受，让学生明白当我们面临困难时，那些温暖相扶的手就是我们前行的动力；第四步，通过三个情景剧把现在班上存在的问题抛出来让学生思考并讨论如何去帮助情景剧中的主人公解决问题，写出支持的方案，引导学生明白应该用理解、宽容的态度去对待我们的同学，以及体会到只有互相理解和团结一致，我们才能携手共赢；第五步，教师让学生讨论并书写"我能为他人和集体做怎样的支持"，在齐唱《相亲相爱的一家人》中结束班会课。

整节课精心设计，节奏紧凑，层层深入，班主任个人魅力大，有热情，学生都积极参与到活动和讨论中，尤其是情景剧这个环节，学生想出的解决办法多种多样，笑声不断，说明班级中学生与学生、学生与老师关系融洽。

这节课也有有待改进的地方，例如：每个环节还可以更深入地去挖掘；对于情景剧，教师可以从成人的角度进行启发，效果应该会更好。

德育生态研究其实就是研究如何去协调学生与学生、学生与教师、学生与家长和学生与社区的关系，其最终的目的就是要建立起学生的德育支持系统，让我们的德育教育更有成效，而张挺老师的这节课则为我们的操作方法开辟了

一条新的途径。

附：

冲刺高考，携手共赢

【教学背景】

一测过后，班级出现很多新的变化。有的学生发挥较好，产生骄傲情绪，学习开始变得散漫；有的学生考得较差，悲观失望，甚至产生放弃的念头；也有的学生虽然知道要努力奋斗，却因无从下手而变得越发焦躁；还有的学生我行我素，缺乏学习动力。针对班级产生的新情况，教师希望通过活动、情景剧和情感分享等方式疏导并初步解决问题。本次班会课首先通过活动引起学生的感情共鸣，携手才能共赢；然后以情景剧展示班级问题，让同学们发现问题并思考解决方案；最后以班级的期望为引导，营造团结温馨的班级氛围，形成积极向上、团结友善的团体动力场，助力高考。

【教学目标】

1. 疏导情绪并初步解决一测后学生出现的问题。

2. 提升设身处地地为别人着想的能力和意识，营造班级人际交往的良好氛围，感受班级的温暖和快乐。

【教学重难点】

形成团结、积极向上的团体动力场，提高班级凝聚力，助力高考。

【教学对象】

高三学生。

【教学形式】

体验式教学。

【班会课准备】

1. 与学生沟通交流，了解班级问题及学生的想法。

2. 明确本次班会课主要针对的问题。

3. 准备教学道具。

【教学过程】

环节	教师活动	学生活动	设计意图
活动区：感受互助温暖	1. 播放歌曲《友情岁月》。 2. 布置"盲行"任务。 3. 提问学生感受：你现在想对对方说什么（请正面表达关爱）？请在纸上写下你的感动以及你们对彼此的希望，然后送给对方	1. 欣赏歌曲。 2. 进行"盲行"活动，体验情感。 3. 写下感受	让学生记住黑暗中牵引的那双手，记住那份默默的关怀，保留手中的心意卡，在今后的日子，记住彼此的关爱，在彼此的牵引中共同进步
明理区：写出你的支持系统	布置任务：当你遇到灾难或是无以名状的忧郁、危机之时，你将和谁倾心交谈？你会向谁发出呼救？你能得到谁的帮助？分享被支持的温暖	写出自己的支持系统并分享	让学生明白：每个人都有可能面临困境，承受伤痛，此时，那些温暖相扶的手就是我们前行的力量
互助区：互助解决现实问题	1. 提问：一测过后，我们会遇到哪些方面的诱惑和阻碍？ 2. 让学生演绎三个情景剧。 3. 提问：接下来会怎样呢？以小组为单位，就问题的解决方案做头脑风暴后讨论并设立支持方案，请小组派代表展示支持方案（可用肢体语言或语言）。支持方案要求：相关、尊重、合理、有帮助	1. 学生观看三个情景剧。 2. 以小组为单位进行头脑风暴，并分享他们的讨论结果	通过情景剧的方式可以让同学们从旁观的角度正视班级问题，引导同学们思考，我们应该以何种态度和方式对待我们的家人？也许理解、宽容，还有祝福就是最好的礼物。让学生在实际生活情境中进一步体会、理解，只有团结、携手才能共赢
实践区：建立我们的支持系统	1. 以小组为单位，讨论并书写可为他人及集体做怎样的支持，宣读并张贴在宣传栏。 2. 让学生齐唱《相亲相爱的一家人》	1. 完成书写任务。 2. 齐唱《相亲相爱的一家人》	让学生明白：冲刺高考，携手才能共赢，这将会是记忆中最美好的地方，她的美好需要我们每个人去经营和努力，需要对每个人的包容和理解

情景剧（一）：

一测过后，学生都很认真听讲，但是教室的某一个角落出现了这样的情形：某学生跷着二郎腿，手插在裤兜里，边听着MP3边抖动着腿，摇头晃脑的嘴巴里还边哼哼唧唧的。接着开始把玩头发，然后趴着不一会儿就呼呼大睡了。

情景剧（二）：

一测过后，某学生考得不是很理想。他拿着一测成绩单唉声叹气，觉得自己还有很多东西没学好。他一时拿起语文书，放下；一时又拿起数学书，又放下；一时拿起英语书，也放下了。只有这么短的时间，却还有那么多的内容没有复习。怎么办呢？他开始六神无主了。这时同桌翻书的声音稍大些，他本来烦躁的内心更显烦躁，最终他气愤地摔书离去。

情景剧（三）：

一测过后，某学生考得不是很理想。他拿着一测成绩单唉声叹气，觉得自己还有很多东西没学好。但是不会的知识又太多，反正也学不完，先聊会儿天吧，然后左顾右盼，找同学聊天去了。

学会感恩，学会爱

——听"爱，从感恩开始"有感

2015年12月9日，我在南沙大岗中学听了吴淑婷老师的"爱，从感恩开始"主题班会课，收获颇为丰富。纵观吴淑婷老师的这节课，我找到以下三个亮点，值得我们学习。

第一，这节课选材切合学生实际。据吴淑婷老师介绍，高二（6）班她才接手三个多月，学生虽然纪律性较好，但学生与学生、学生与老师之间情感交流较少，主要是学生缺乏对同学、教师和班集体的感情，因此她设计了这节主题班会课，希望通过这节主题班会课，让学生学会感恩身边的人和事，继而学会爱身边的人和事，从而解决这个问题。吴淑婷老师能抓住学生实际去选择对应的主题设计主题班会课，说明她对学生的教育是非常用心的，她也非常爱她的学生。有这样的教师教育他们，相信这个班的学生一定也不会辜负吴淑婷老师的期望，学会感恩，学会爱。

第二，这节课的素材非常丰富，形式多样。这节课的视频和图片及其他素材资料非常多，也非常感人，尤其是播放微信图片分享和《她只有9岁，却喂饱了镇上所有的流浪汉，还改变了世界对他们的态度》视频播放的环节，是集中了好多朋友圈朋友的、好长时间的微信分享，不但可以反映出吴淑婷老师受往届学生的爱戴和同事的喜爱，还可以知道她是生活中的有心人，懂得把这些东西收藏起来，以便教育更多的学生，从而使它们的作用最大化。

第三，"用心参与，感恩同学"这个环节虽然学生比较腼腆，但是非常真切，说明学生确实对主题有所感触了。因为高中学生跟初中、小学的学生不一样，他们比较内敛，不喜欢表露自己的感情，但是在课上学生还是能说出要感恩的人和事来，而且还当场对要感恩的人说谢谢，说明这节主题班会课是有成效的。

当然，这节课也有需要改进的地方。如果这节课能挖深一点，从感恩身边的好人好事推广到感恩身边的"坏人坏事"，从感恩身边的人和事推广到感恩社会、感恩祖国，把感恩的内涵挖掘出来就更好了。

总的来说，这是一节不错的主题班会课。

附：

"爱，从感恩开始"教学设计

【教学目标】

1. 认知目标：引导学生学会感恩，能体会班集体、同学对自己的关爱，知道感恩是做人最基本的原则，培养感恩意识。

2. 能力训练目标：引导学生在自主反思、合作交流和体验感悟的学习中，认识到做人要有一颗感恩的心。

3. 情感教育目标：通过体验活动激发学生情感升华，学会感恩，以充满爱的心态去对待周围的人和事。

【教学重点】

通过系列交流学习活动，使学生理解感恩，懂得感恩。

【教学难点】

学会感恩，懂得爱别人。

【教学对象】

高二学生。

【活动形式】

小组分享。

【教学准备】

PPT。

【教学过程】

环节	教师活动	学生活动	设计意图
故事导入，渗透话题	1. 展示"两个饥饿的人同时去见上帝的故事"。 2. 请说说你的感悟	听故事，说感悟	让学生知道学会感恩，用心感恩的重要性
感恩，从现在开始	1. 引用《大话西游》里关于珍惜爱情的话。 2. 引导学生反思：生活当中有许多想感恩的人和事，错过了就永远错过	学生听讲，思考，反思	让学生懂得，感恩应该从现在开始

续 表

环节	教师活动	学生活动	设计意图
感恩，从身边做起	1. 播放：从开学到现在三个月里面班级的人和事。 2. 引导学生交流：小组内把自己在班级中最想感谢的人和事分享、交流。 3. 提问个别学生	1. 观看视频。 2. 小组内分享自己在班级中最想感谢的人和事。 3. 向全班分享	让学生懂得，感恩从身边做起
感受感恩的力量	1. 播放：《感动常在，恩为有你》2015届学生生活集。 2. 对视频进行小结	1. 观看视频。 2. 与教师一起进行小结	让学生感受感恩的力量，学会感恩班级，感恩学校
拓展延伸，情感升华	1. 播放：《她只有9岁，却喂饱了镇上所有的流浪汉，还改变了世界对他们的态度》。 2. 提问学生。 3. 教师总结	1. 观看视频。 2. 发表看法	让学生明白：当我们学会感恩的时候，我们也就懂得爱别人

故事：有两个人同时去见上帝，问上天堂的路怎么走。上帝见两人饥饿难忍，就给他们一人一份食物。一个人接过食物，甚是感激，连声说："谢谢，谢谢！"而另一个人接过食物，却无动于衷，好像别人应该给他似的。于是，上帝让那个说"谢谢"的人进了天堂，另一个人则被拒之门外。被拒之门外的人很是不服："我不就是忘了说句'谢谢'吗？"上帝说："不是忘了，你没有感恩的心，怎么可能说出谢谢的话；不知感恩的人，就不知爱别人，也得不到别人的爱。"那个人还是不服："那少说一句'谢谢'差别也不能这么大呀？"上帝说："这没有办法，因为上天堂的路是用感恩的心铺成的，上天堂的门也只能用感恩的心才能打开。"

一点感悟：让学生学会感恩，用心感恩，懂得感恩也就懂得爱别人。

《大话西游》里有这样一段话："曾经有一份真诚的爱情摆在我的面前，我没有珍惜，等到失去的时候才追悔莫及，人世间最痛苦的事情莫过于此。如果上天能够给我一个重新来过的机会，我会对那个女孩子说三个字：'我爱你'。如果非要给这份爱加上一个期限，我希望是——一万年。"

学会爱，学会如何爱

——听陈志华老师主题家长会有感

2015年12月9日，我在南沙大岗中学看了陈志华老师主题家长会的录像，受益良多。家长会是我们作为班主任必须要面对的一项工作，而且是我们一直比较头疼的一项工作，而陈志华老师的主题家长会开得非常轻松，让我耳目一新。下面谈谈我对这个主题家长会的看法。

第一，家长会以亲子游戏开始，既活跃了气氛，又能暴露问题，引出家长会的主题。这个游戏是这样的：十个家长排成一排，他们的子女蒙着眼睛一个挨一个地走过去摸每一位家长的手，如果觉得那是自己的父/母，就站在他（她）的后面，前提条件是家长不能做任何提示。游戏的结果让人哄堂大笑，在大笑之余，大家更多的是感慨：我们的孩子究竟有多久没有拉过我们的手了，还记得他们上幼儿园、小学的时候最喜欢拉我们的手，现在居然不知不觉已经很久没有拉过了，已经不记得了。相信家长和学生都在这个游戏中感受良多，继而思考，孩子跟家长的感情到底出了什么问题，才会出现这种情况？所以游戏开头，就达到我们想要的目的了。这种做法非常新颖，也非常有效。

第二，在家长会前，陈志华老师做了很多预备工作，让家长会更有内容，更切合学生和家长实际。陈志华老师在会前就给学生看《眼睛》的故事和《来一斤母爱》的视频，让学生认识到父母的爱是多么的无私，然后写了很多感想，这些感想都在家长会里呈现出来，这个"教育孩子爱父母"的环节就体现得非常透彻，让人觉得真实和感动。陈志华老师还预先让学生对家长平时的十个行为进行调查，并有非常详细的调查报告，这让家长明白孩子需要他们做什么，从而引出"家长学会爱孩子"和"期待您用行动爱孩子"环节，顺畅且不造作。

第三，主题家长会后，组长分发家长会资料，家长查阅孩子的在校档案，有问题问组长，这种做法省时省力，效果比我们平时家长会只有教师回答家长问题要好。因为，我们教师不可能每节课都跟着学生，最了解学生的应该是他的同伴，所以由同伴来回答家长的问题的做法是最有效、最直接的。小组长在这当中扮演着一个非常重要的角色。能培养出这样的小组长，说明陈志华老师在培养班干部及班级精细化管理方面做了大量的工作，这种大量的工作是为日后工作越来越轻松做基础的。这种做法值得广大班主任学习和探讨。

这个主题班会课的唯一缺点就是教师的语速比较快，如果能慢下来，让家长好好细想，好好品味，效果可能会更好。

附：

"因为有爱，幸福未来"教学设计

【活动目的及重难点】

1. 过程目标

（1）通过主题班会课，让学生回顾自己成长的点点滴滴，回顾父母对自己的教育历程，学会感恩，学会爱自己的父母，并转化为实际行动。

（2）通过主题家长会，让家长学会爱孩子，倾听孩子的心声，陪伴他们成长，为他们的成长出谋划策。

2. 情感教育目标

通过体验活动激发学生情感升华，学会感恩，学会与父母相处，学会向自己的父母表达爱意，和谐家庭。

3. 活动重难点

重点：让学生学会爱父母，学会向父母表达爱意，感恩父母给予自己的一切。

难点：让家长改变自己的教育方式，让学生改变自己对家长教育的态度。

【活动对象】

高一（3）班全体学生、家长、班主任及实习老师。

【活动准备】

（一）家长会前主题班会课

1. 播放视频：《来一斤母爱》《7分钟感恩父母视频》，唤起学生的回忆与父母生活的点点滴滴。

2. 小故事分享并撰写感受和行动。

《妈妈的眼》

妈妈：儿子，如果妈妈的眼睛瞎了怎么办？

儿子：我会送你到世界上最好的医院去治疗。

妈妈：如果仍然治不好呢？

儿子：那我就终生照顾你、服侍你。

妈妈：好儿子，谢谢你。

儿子：妈妈，如果我的眼睛瞎了怎么办？

妈妈：我会把我的眼睛换给你。

回答问题：（1）在这个故事里，你感悟到了什么？（至少300字）

（2）你准备在以后的日子里为父母做点什么？（措施要具体、可行，有三点以上）

3. 了解父母爱孩子的行动调查（调查问卷）。

请你选择你父母能做到的选项：

（1）陪你时，一定全心全意。

（2）经常告诉你有多爱你。

（3）支持你要做的事和想成为的人。

（4）学习新时尚和技术，与你有共同语言。

（5）保持高标准，但也常给予你鼓励。

（6）信任你。

（7）不强迫你，但要求你言出必行。

（8）永不用伤害你的言语。

（9）经营婚姻，让你体验爱和相伴的真谛。

（10）从不会"对自己的懈怠认为是情有可原的，但对孩子却常常要求百尺竿头更进一步"。

4. 教育感言小结。

世上所有子女对父母的爱都不及父母对子女的爱的万分之一，父母是用自己的生命去爱孩子的，而孩子最多只有行为的报答，所以说"谁言寸草心，报得三春晖"！我们也应该尽自己的能力回报父母！一开始看到儿子的回答，我就觉得这不愧是个孝顺儿子，可看到妈妈的回答，我整个人就怔住了！接着，一种愧疚感油然而生。人或许就是这个样子，不经历就永远尝不到那些埋在深处的味道。当我们做了父母，当我们含辛茹苦地把我们的儿女养大，才能真正体会我们的父母到底为我们倾注了多少爱，殊不知，到那个时候也许我们就无法报答父母了。因为他们可能已经到了另一个世界。抓紧时间，让我们陪父母的日子多一点，回报他们的事情做得多一点。

（二）家长会学生资料的准备

1. 将自己平时的作业、试卷、练习册整理好放桌面。

2. 个人反思总结一份，对照期中考试情况进行撰写。

3. 给家长的一封信，准备好一支笔给家长写寄语。

4. 组长对组员的课堂表现及平时学习评价一份。

5. 成绩条每人一份。

6. 期末考试目标进行张贴；完成期末考试目标的制定，并张贴在课室内。

（三）会前准备

1. 9：00家长在多媒体会议室开年级家长会；期间组长做好准备工作。

2. 9：30全体学生回到课室；组长整理检查家长会资料。

3. 10：00左右组长拿好家长会资料（包括信封和试卷，组员每人带一支笔），带领组员到多媒体A室开会；组长做好引导工作，安排好座位。

（四）主题班级家长会流程（主持人：班长、学生和家长共同参加）

1. 主持人致家长会祝词

大家好，我是高一（3）班李子豪。非常感谢各位家长百忙之中抽时间出席家长会。这次家长会，我们有些家长身车劳顿，长途跋涉，从广州、番禺、南沙的各个角落赶了过来，充分地体现了对我们教育的重视。在此，我代表高一（3）班，谨祝大家身体安康，合家幸福，工作顺利。

下面，有请我们的班主任给我们上一节家长会主题班会课。

2. 班主任主持主题班会课

（1）亲子游戏：蒙眼找父母

游戏规则：

① 孩子在游戏前先摸摸父母的手。

② 孩子蒙上眼睛后，依次摸大人的手，觉得是自己父母的话站到后面，其间大人不能给孩子任何提示。

（2）教育孩子爱父母

学生撰写的感想分享。

这次之后，我感悟到母爱是多么的珍贵，父亲也如此的重要。在成长中有你们的陪伴真好，是你们教会我如何做人，如何成长，你们呐喊着叫我做作业的声音永远都在耳边回绕着，我觉得这不是唠叨，而是期望我好好学习，不要长大后后悔。——烨怡

这个故事给了我很大的警示，人们总是不珍惜自己拥有的东西，等到失去时才追悔莫及。我对父母的唠叨一向都是左耳进右耳出，反正就是没听进脑袋里，尽管我知道他们都是关心我，怕我做坏事。父母为了防止我玩电脑，就把他们的房间锁上，贪玩的我却偷偷去外面复制了一把钥匙。有时被父母训斥烦了，就顶撞他们，让他们伤心。

我不想像视频中的人那样，当一切化为乌有，当事物只能用来缅怀时才想起自己过去所做下的蠢事，才去想那些自己一辈子都无法还清的母爱、父爱。

所以，在以后与父母的生活中：我不会再让他们担心太多，不再经常向他们发脾气，不再让他们为我的学习操心，不再让他们为我憔悴……——子豪

妈妈的爱是世界上最温暖、最幸福、最无私的爱，可以把北极的冰雪融化，温暖至极。在故事中，那位妈妈肯为他替换瞎了的眼睛，让他在孤独的黑暗中得以重生。妈妈是最无私的，是我最爱的人之一。一想到自己，我就想起一首歌谣："世上只有妈妈好，有妈的孩子像块宝，投进妈妈的怀抱……"泪水情不自禁地往下掉，怎么也控制不住。

我现在能为她做的力所能及的事：多点为她分忧。如帮她做饭、扫地拖地等家务。我无法带给她物质上的帮助（至少现在还不行），那么我就从精神上去报答她。尽心尽力地做好自己，不让她为我操心。妈，我爱你！——浩然

（3）孩子们的行动

在今后的日子里，不能再让母亲伤心流泪，为我们操心，要适当地做些家务，以便减轻母亲的负担，当母亲累的时候，给她揉揉肩，倒杯水。——梓豪

以后在家里，我会帮助你们干活，做家务，把家收拾得干干净净，平时就不玩那么长时间的手机，多复习，多做作业，不再任性，有什么事都帮助你们。我会尽我自己的努力，考得如姐姐那样好，考到好的学校，我不再贪玩，平时好好地学习，我相信我将会是你们的骄傲，做好孩子！——烨怡

在以后与父母的生活中：我不会再让他们担心太多，不再经常向他们发脾气，不再让他们为我的学习操心，不再让他们为我憔悴……——子豪

（4）家长爱孩子的调查

① 最近家长来电的感悟是什么？

② 请您想一想，您觉得培养一个孩子最重要的东西是什么？

③ 为什么您这么在乎您孩子的成绩和排名？请问您在要求孩子考得好之前，有没有想过您自己读书的时候能考得那么好吗？

④ 您知道您的小孩心里面怎么想吗？您认为他考得不好会很高兴吗？他也希望考得好，由于各方面的原因（比如说不够努力、身体不舒服等），您问过他/她吗？

⑤ 您说您很爱您的孩子，请问您有真正听过他的想法吗？

（5）父母学会爱孩子

父母的承诺：

① 陪你时，一定全心全意。

② 经常告诉你我有多爱你。

③ 支持你要做的事和想成为的人。

④ 学习新时尚和技术，与你有共同语言。

⑤ 保持高标准，但也常给予你鼓励。

⑥ 信任你。

⑦ 不强迫你，但要求你言出必行。

⑧ 永不用伤害你的言语。

⑨ 经营婚姻，让你体验爱和相伴的真谛。

⑩ 从不会"对自己的懈怠认为是情有可原的，但对孩子却常常要求百尺竿头更进一步"。

（6）信息反馈

① 在孩子眼中能拿到60分的家长只有3位，我真为你们担忧！

② 学生认为家长做得比较好的是第③点（27人）"支持你要做的事和想成为的人"、第⑥点（29人）"信任你"和第⑦点（17人）"不强迫你，但要求你言出必行"。

③ 学生认为家长比较难做到的是第①点"陪你时，一定全心全意"、第②点"经常告诉你有多爱你"和第⑨点"经营婚姻，让你体验爱和相伴的真谛"，这要求我们"爱要大胆说出口"，更要求我们自己要以身作则，教育我们的孩子。

（7）期待您用行动爱孩子

① 好好聆听他/她的想法。

② 请支持他/她的想法并给予鼓励。

③ 跟孩子一起制定目标并陪伴他/她一起成长。

感言分享：教育是个慢过程，要学会等待，静待花开！

（8）最相似笑脸大赛

期待您和您的孩子参与！

（五）常规家长会流程（以小组形式开展）

（1）主题班会课结束后，组长分发家长会资料，家长查阅资料；组员到外面等候。

主持人：主题班会课到此结束，下面请组长分发资料，家长可以看看我们的期中考试试卷，总结，组长评价，给家长的一封信等；除组长外，其他组员请到外面等候。谢谢合作。

（2）查阅资料期间，组长介绍组员在校学习表现，回答家长提问。

主持人：如果家长对小孩平时表现有什么疑问的话，可以直接询问我们的组长。请组长用心如实回答家长疑问。

（3）家长撰写寄语。

主持人：请家长看完总结和评价后，撰写寄语。没有什么语言比你们的表扬更具有激励性，有你们的表扬陪伴，我们每天向自己的目标迈进一步；另外，我们所制定的目标和家长所写的寄语会张贴在课桌上伴随我们成长。

（4）主持人致家长会结束词；家长会结束。

主持人：本次家长会到此圆满结束。非常感谢各位家长对我们班级工作的支持与配合。在此我代表高一（3）班，带给大家最诚挚的问候和最美好的祝福，再见。

（六）组长整理好资料拿回课室，之后陪同家长回家

教育追梦的快乐

——参加万少芳工作室活动有感

2019年1月8日，有幸参加区名班主任万少芳工作室举行的主题班会课交流学习活动，活动中收获丰富，感谢为这个活动辛苦付出的所有同行！

活动首先由南沙一中的张培君老师为我们带来了一节精彩的"你应该骄傲"主题班会课。整节班会课都是学生主持，用情景剧导入，然后通过罗森伯格的《自信心量表》调查问卷的结果分析，提出要增强自信的研讨问题，再让学生分组讨论如何提高自信心，并让情景剧的当事学生分享自己成长的心路历程；之后通过"穿过A4纸"游戏的体验活动，提出人的潜能是无限的，再通过视频《何必低调，你应该骄傲》说明骄傲需要的资本——努力与坚持；最后通过分发梦想明信片活动，让学生拥有一份为梦想而奋斗的勇气，并骄傲地实现自己的梦想。主题班会课的素材丰富，形式多样，设计的流程紧密，学生主持自信且组织能力强，同学们都能热情地参与到活动中去，效果相当不错。唯一觉得不够好的是，主题范围太大，整节班会课的几个环节其实都可以单独作为一节主题班会课来探讨，因此每个环节探讨得不够深入，不过对学生设计的主题班会课来说，已经是相当不错了。

班会课后就是评课活动，到会的教师都很踊跃地发表自己对这节课的看法，甚至有教师还提出怎样在学生考试前打鸡血的问题来一起讨论，评课活动相当热烈，大家都在思想碰撞中得到收获。

活动最后是对"如何增强学生的自信心"进行研讨。这次研讨活动摒弃了之前的讨论形式，改为分小组的头脑风暴的活动。主持人给每个小组都发了一张白纸，让小组成员就"缺乏自信心的表现""缺乏自信心的原因""培养学生自信心的策略"这三个方面进行研讨并记录，然后小组派代表进行发言。我认为这种研讨方式比之前一个一个发表看法效果要好，因为经过大家的头脑风暴，我们的观点和分歧都能在讨论中融合，对问题的看法会更完整、全面，这样讨论出来的结果更有说服力，对以后的班主任工作更有帮助。所以，我想，以后我们工作室开展研讨活动也要学习这种形式，以促进工作室成员快速成长。

站在学生视角，增强同理心意识

——南沙区第一期班主任工作研讨活动心得

2019年4月17日下午，市名班主任詹高照工作室联合市名班主任万少芳工作室、刘顺宜工作室开展南沙区第一期班主任工作研讨活动。活动在鱼窝头中学博雅楼一楼录播2室举行。活动首先由鱼窝头中学的萧永娟老师给我们带来了"'言'值即正义"的关于中学生人际交往的主题班会课；接着由鱼窝头中学詹高照老师和黎洪昌老师给我们带来了两个微讲座，讲座题目分别是《发挥优势，助力潜能生成长》和《如何管好住宿生》；最后由大同小学的高银喜老师为我们带来了一个微研讨——《面对网瘾，班主任该怎么办》。活动环节紧凑，收获颇多，下面简单谈谈我的收获。

萧永娟老师的课首先用了两段主人驯狗的视频告诉学生——人的声音、音调和语气不同，给人的感受是不同的，从而引出"'言'值即正义"这个主题，接着她让学生分别就催作业、考试成绩和学生不交作业这三个事件的正反面语言处理所产生的不同效果表演了六个小品，从而说明语言在人际交往中的重要性。之后，她让学生讨论并分享自己的经历或就刚才的三个事件发表自己的看法。然后，她自己也分享了她跟儿子之间发生的一些事情，告诉孩子家长其实也不是无缘无故发火的。最后，她布置了作业，让学生对案例进行分析。虽然这节班会课在设计上可能不是很完美，但是从萧老师跟学生们的互动中可以看到，学生都很愿意跟她分享自己的故事，说明萧老师跟学生关系非常融洽；从萧老师对学生的引导中，我们能看出她是一位非常睿智的班主任。当学生讲出自己的看法时，她能引导学生："你就是一面镜子，你自己舒服也会使别人舒服。"当学生分享自己经受过的校园暴力事件的时候，她也能及时地告诉学生面对暴力的时候要勇敢说"不"，并且寻求帮助，这种情况跟今天的主题的对象是不同的，"'言'值即正义"是对那些跟自己亲密友好的人来说的。我觉得我在处理学生问题的智慧上比不上萧老师，因为她能从学生的分享中很快地了解到事情的本质，并能马上正确引导学生往正确的方向思考，拥有这种能力真的非常了不起。

詹高照老师的讲座首先以2015年广州市教育局组织媒体对他的采访视频开始，讲述了我们该如何发挥潜能生的优势，助力他们成长。他主要从三个方面阐述：强化优点，忽略不足；团队合作，人尽其才；搭建平台，正向强化。他在讲座中结合了很多他自己教育学生的案例，生动清晰地告诉我们积极教育的重要性和必要性。让我印象最深刻的是他讲座的引言：一棵树，如果花不鲜艳，也许叶子会绿得青翠欲滴；如果花和叶子都不漂亮，也许枝干会长得错落有致；如果花、叶子、枝干都不美丽，也许它生长的位置很好，在蓝天的映衬下，远远看去绰约多姿，也流露出几分美感。这其实就是告诉我们，作为教育者，要从不同的角度去挖掘学生的优点，并且要用显微镜去把它放大，让他们的优点促进他们成长。作为班主任的我们，应该要认真反思，好好学习。

黎洪昌老师的讲座主要跟我们分享了他多年来管理住宿生的经验，他在讲座中说到，对于住宿生的管理最重要的是学校对宿舍管理制度的完善。他提到班主任要使师生关系和谐融洽，要用同理心对待被扣分的学生，要教育好学生尊重宿管，要及时对违纪学生进行适当的处罚和做好安抚工作。他也提到宿舍舍长的选拔也是很重要的，选好舍长，会让你的工作事半功倍。

高银喜老师先从什么是网络成瘾谈起，然后谈了网络成瘾的四个原因：家庭、学校、个体和社会，之后她谈了网络成瘾的危害，最后是大家的互动环节：教师们交流"如何积极应对青少年网络成瘾"。到会的教师纷纷分享自己的做法，大家都认为网络成瘾的问题宜疏不宜堵。其中，榄核二中的李沧海老师提到利用同伴的影响、团队的作用去应对；高银喜老师提到利用大量的学校活动吸引网络成瘾的学生把更多的时间花在活动中，从而戒除网瘾；大岗中学的郑培安老师分享了他跟学生成为"抖友"的事情，让老师和学生互相监督上网时间，一起抵制网红等，从而疏导学生戒除网瘾；榄核二中的黄婉婷老师则用学生希望成为优秀设计程序员这个理想激发孩子的需求，让孩子知道要付出什么样的努力才能实现这个理想。在"如何积极应对青少年网络成瘾"这个问题上，看来大家都是各施其法，并且收效良好。这个研讨让我收获颇丰。因为现在网络成瘾的学生确实很多，我们要经常面对如何引导他们的问题，我觉得我在这个问题上也要好好学习其他老师的做法，再想想有没有更多的方法，从而使我们的教育更有效。

向阳追光

——参加番禺区第74期班主任工作研讨活动有感

2019年4月24日下午，我有幸到番禺区市桥中心小学参加番禺区第74期班主任工作研讨活动，收获不少。

活动的第一个环节是沙湾镇中心小学的林雪莲老师借班上的一节名为"幸福筑梦，追梦不止"的主题班会课。班会课分为四个部分：幸福筑梦；追梦路上有阻力；圆梦要有巧方法；追梦之路永不止。林老师首先用视频引导学生晒出他们自己的梦想；然后让他们讨论在追梦路上可能会遇到的困难，并且通过分享尼克的故事告诉他们遇到困难应该坚持不懈；接着通过俄罗斯撑竿跳名将谢尔盖的"1厘米王"的例子告诉学生要用目标细化的方法来实现梦想；最后播放《中国梦》视频，把班会课推向了高潮，并跟学生一起高唱《我们都是中国人》，让学生感受追梦之路永不止的情怀。整节课，思路清晰，环环相扣，教师教态自然亲切，学生分享积极热烈，气氛相当融洽，根本看不出这是借班上课，说明林老师的课堂驾驭能力非常好。这节课正如万华老师评课时说的，上出了三个度：生命的温度、生活的宽度和政治的高度。我们确实要加强理论、政策和方法策略的学习，才能让我们的心灵贴近儿童，让理念写在课堂上、写在孩子的心里，让孩子的智慧得到发挥，我们的德育教育才能有效。

活动的第二个环节是关于"理想信念教育"的专题研讨。研讨分为四个组，分别就四个问题进行头脑风暴式的讨论并画出思维导图。四个问题分别是：了解学生理想的现状；分析影响学生理想的因素；帮助孩子树立正确的、远大的理想；引导孩子去实现自己的理想。讨论后，每个小组都进行了分享，收效很好。纵观番禺区这种形式的专题研讨，我反思了一下我们工作室的做法，我觉得我们工作室还是做得不够细致。比如，他们研讨的内容一早就在通知上写好了，而且还预先分了组，并设了组长，明确每个组的研讨内容，这样做，教师在参加活动前就能对研讨内容进行思考，效果肯定比当场一下子给出问题好。我们平常的研讨虽然内容早就定了，但是我们在内容下的问题是到场后才给的，教师们要在短时间内去思考问题，难度会加大，而且我们没有分开一个小组一个问题的讨论，而是一个小组分别对几个问题进行研讨，组长也是现场才定的，那样效果就会差很多了。所以，这次观摩收获很大，我们以后的工作要做得更细致到位，这样教研效果才会提高。

活动最后的环节是广州市德育研究与指导中心黄利副主任给我们讲解德育教研的设想，对广州市所有名班主任工作室提出了期望和要求。她要求我们德育教研要有时效性和政治敏锐性，工作室的工作要跟学员、成员所在学校有充分的沟通。

整个下午的学习，收获真的很多，感谢广州市教育局给我们一个这么好的学习机会。

研讨学习：主题班会课要注意的问题

2019年10月30日，我在南沙一中初中部听了两节思政班会课，刘素琴老师的"梦想是奋斗出来的"主题班会课主要通过大量的活动让学生去体验，而胡倩老师的"我爱我的祖国"主题班会课则通过视频和图片让学生去感受。虽然这两节班会课形式风格都很不相同，但都反映出两位教师非常用心地去准备。虽然实施过程中有很多不尽如人意的地方，但是他们的课起到了抛砖引玉的作用，为我们探索如何上好思政班会课提供了很好的研讨素材，感谢他们的付出。

在这两节思政班会课中，所暴露出来的问题是我们不能为了思政而思政，而忘记了主题班会课最基本的要素和架构。思政班会课是很难上，但作为一节主题班会课，我们还是要注意一些基本问题的。

第一，素材或活动的使用并不是简单的罗列。每一个素材或活动都应该有它出现的理由，而不是简单的拼凑。素材或活动不需要很多，但要深挖其中的内涵，并且贴近班会课的主题。显然，刘素琴老师的课在这一点上就没有把握好。她的课素材或活动都很多，但每一个都是蜻蜓点水，没有深挖，也没有拓展，以至于让人觉得是为了活动而活动，为了体验而体验，每个活动之间没有太大的联系，这样会让人觉得整节课很散、很乱，没有特别让人印象深刻的地方。而且，中间的"梦想长城"活动，我觉得用得不太贴切，这个活动本来应该是体现团队中每个人都很重要的，用在这里体现梦想需要坚持比较牵强。胡倩老师的课中MV的素材也没有运用好，其实素材很好，家乡的变化可以引出国家的变化，从而自然过渡到下一个环节。素材不在于多，而在于用得好不好，有没有深层次挖掘，正如周建湘老师所说的，一个材料挖到底也没有关系。其实，主题班会课跟我们学科的课也有共通的地方，学科的课也比较推崇一题多解或者一个情景不断变式的教学方式。

第二，主题班会课的结构一定要清晰，衔接要自然。其实课的结构要么就是从小到大，要么就是从大到小，要么就是承接递进的关系。今天的两节课都没能让我体会到这些结构。刘老师的课的三个部分基本没有联系，尤其是第一部分和第二部分，从"我的梦"突然就到了游戏活动，然后就是提出梦想需要奋斗，非常突兀。

其实，我觉得教师要表达的应该是有梦想，但怎样实现，如何实现，整个班会课过程中却根本没有这些的衔接语句，让人摸不着头脑。胡老师的课也是一样，每一个环节之间没有层层递进的关系，尤其是环节4和环节5之间，念国魂突然就到了情景剧，中间没有做任何的衔接。其实这个很好衔接，既然题目是"我爱我的祖国"，前面讲的都是要有爱国之情，那么现在就应该讲怎样爱国，爱国应该从爱家爱班集体开始，从大到小，再提责任意识。什么是爱国？怎样叫爱国？我认为爱国就是做好自己的每一个行为。正如张昌波老师点评时所说的，这个主题要能真正走心，应该把握好"我""家""国"的关系。

第三，主题班会课切忌走形式、走套路，要做到真正入心，必须从学生身边发生的事情出发。胡老师的课跟在石化中学听的思政班会课同样都用到了钱学森的选择问题。我其实很不明白为什么要选用这个例子，学生对中华人民共和国刚成立时期的艰苦生活根本没有体会，就算是历史学得很好的学生，没有亲身的体会，他怎么可能理解钱学森的爱国之情？在这个过程中提问学生如何选择，其实学生的答案都是套路，根本不会是他自己真实的想法，这样的教育又有何意义呢？正如周建湘老师所说的，你为什么要学生去选择呢？其实你可以让学生站在第三者的角度去分析回国与不回国的利弊，在这样的利弊对比下，大部分人会做出什么样的选择，而钱学森却选择回国，这是怎样的爱国情怀。这样处理就不会限于表面的套路，更能入心。但是如果是我，我会选择现在的例子。现在也有很多学者在国外就读名校，毕业后也会面临是否回国的问题。正如张昌波老师所说的："统计数据远远比不上一个真实的故事。"我觉得就算是真实的故事，一个历史久远的故事远远比不上一个身边的故事来得深刻。因此，正如周建湘老师说的，要感悟到位，就不能让学生进入套路，要构建一个安全的心理环境，让学生能畅所欲言，这样才是入心的教育。

第四，主题班会课要放手给学生尝试，不要"一言堂"。其实，主题班会课跟平时的学科课一样，教师不要讲太多，要给学生时间去消化，这个消化的过程就是我们说的内化的过程，这个过程更多的应该是学生的参与，如讨论、游戏、发言、思考等。在这方面，胡老师做得有点欠缺，要敢于放手。

今天的研讨确实收获不少，尤其是各位教师和专家的点评，让我不断地反思。感谢南沙一中初中部的两位教师给我们带来了这两节研讨课。其实课不可能上得完美无瑕，也正因为不完美，我们才可以研讨，才能有更大的进步。

4

第 四 篇

爱的元素，教育情怀，提升班主任责任感

　　责任是一盏航灯，让我可以在教海中勇敢探航，带我远行的，是爱的元素，是初心未改的教育情怀。身为班主任，面对一批又一批学生，为了不辜负这一双双渴求知识的眼睛，为了助力学生健康成长，在日常教学和班级管理的过程中，通过细致观察，发现学生的亮点，给予学生鼓励，发现学生的不足，给学生提供帮助，此时的责任就是对自己所负使命的忠诚和守候。

班主任工作中"爱的元素"

2015年的三八节是周六,早上一打开手机,就收到短信提醒,×××电话号码在3月7日22:45拨打过您的号码。虽然我手机里面没有存这个电话号码,但一看到这个电话号码,是再熟悉不过了,是我们班小俊(化名)家长的电话号码,这是一个有故事的电话号码,正是这个电话号码让我领悟到了班主任工作中"爱的元素"是什么。

爱的原则

小俊是独生子,家里所有人都宠着他,所有事情都迁就他,他家人生怕他有一点点的受伤。还记得第一次接到小俊家长电话的时候,他家长劈头盖脸地对我吼,搞得我莫名其妙。

后来才知道原来前一天晚上,小俊晚修老说话,我要他中午放学在班上做检讨,他不但没有做检讨,还偷溜了。于是,我说要停他的晚修,并通知他家长,让家长在家好好教育。结果,那个傍晚,家长说了他两句,他就跑了。他家长以为他受不了责骂,想不开,到处找他又找不到,打电话也不接,于是就有了上面的电话内容。当时我跑到课室里面,看到他安静地坐在课室里,于是我再打回他家长电话,才了解到小俊的家庭情况(因为刚文理分科,他被分到我们班才半个学期,我对他还不是很了解)。他先天舌头有问题,说话不清晰,所以平时很内向,从不敢在众人面前说话。

我让小俊在班上做检讨,他当然是不愿意的。鉴于他这种情况,我首先对他的家长进行安抚,并且告诉他,我让小俊在班上做检讨,一方面是他真的做错了,另一方面是给他机会锻炼一下胆量。经过一个小时的电话沟通,他家长也承认,小俊自从到了我班上,成绩进步幅度让他们感到意外,以前读初中的时候和没分班之前,小俊成绩从来不出众,但是到了我班上,居然能考上班级前10名,他们觉得老师的教育很有效,这一次,我跟家长的沟通算是成功了。第二天,我找小俊谈心,鼓励他要有自信,要勇敢地站在同学面前承认错误,这本身就是对他的锻炼。经过一节课的耐心引导，他终于答应了。于是，那天的班会课，他站在讲台上很羞涩地念了一半的检讨书，之后他的好朋友一起跟他唱歌结束了这个尴尬的局面。对他的教育来说，算是有点成就了。这件事也让他开始信任我。

爱的春风

之后，我就隔三岔五地接到小俊家长的电话，才发现问题并没有我想象中的简单。由于小俊是独生子，家里人都非常宠爱他，迁就他，但对他的管教也达到了随时监控的程度，可以说到了没有人身自由的地步。每次只要小俊稍微晚点回家，或周末没有跟家里人交代就出去，他家长必然电话不断。如果他不接电话，他家长就会到处找他，找不到就会找我这个班主任，询问最近孩子在校表现如何，有没有谈恋爱、跟什么人走得近等问题。我每次都耐心地与他家长沟通，孩子都十五六岁了，应该有自己的朋友，应该多给他一些时间和空间，让他学会独立，你总不能一辈子照顾他，呵护他啊。每次家长都答应要改正方法，但是每次都收效甚微，过了一段时间，事情总是重复。其实在我的心里，我也挺同情小俊，所以每次他跟家长闹矛盾的时候，我都站在他的角度安慰他，开导他，告诉他，父母之所以这样都是因为爱他，在乎他，只是用的方法不对而已，你已经是个半成人了，要学会感恩，学会体谅父母的心。

一年多来，我都不知道调解多少次他们的亲子关系了。当然，其中也不一定都是他父母的问题，有时候他也会犯错误。比如，凌晨1点多，他把枕头用被子盖起来骗他父母，他跑出去借钱给朋友。对于这些事情我当然会狠狠地批评他不懂事，做事不顾后果，但同时为了让他在家里轻松点，只要不是很大的错误，我也会帮他隐瞒一些情况，所以在小俊的心里，对我是既感激又敬畏的。

因此，这一次，一看电话时间，我就猜到，他肯定又是晚回家了，他家长打电话给他，他不接。于是父母又到处找他了。因为我们学校晚修到10：00，正常情况下10：20他应该到家了。10：45给我电话，估计又是这事，所以我想还是等到星期一再处理这个事情吧。于是，我就没有理会这个未接电话。

谁知道，到了早上10点多，他妈妈又打电话过来了，哭哭啼啼地说他儿子昨天晚上很晚才回家，他爸爸一时生气，给了他一巴掌，结果，他就离家出走了……他们全家人已经找了他一个晚上，毕竟从小都没打过他。他妈妈哭得很伤心，其间我也试图打小俊的电话，电话是通的，但是没有人接，说明人是安全的。他家长打电话过来说那个同学说不是跟他在一起，也不知道小俊去哪里了。我想，既然电话是通的，说明他就是不想接电话，我发短信，他总会看吧。于是，我就发短信给小俊，字里行间没有一点责备的意思。很快，我就收到一条回复："又麻烦到老师了，我也不好意思，最近老是麻烦到您，我的心也过不去，我现在只想一个人静静，等好了就会回去！sorry，让老师放假也担心我，祝老师节日快乐！"从回复中我知道他没事，于是我又回了一条信息："你也知道今天是节日，刚才你妈都哭了，发个信息给你妈报个平安吧。"然后，我就给他妈妈打了个电话，告诉她不用担心，他很平安，很快会回来的，但是我希望他回来了，你不要再责备他什么，就当什么事也没有发生，有什么事交给我来处理。他妈妈一边答应着，一边说谢谢。

晚上10点多，我收到他家长的短信，说小俊已经回来了，说了很多感谢的话。我觉得这是一个教育家长和孩子很好的契机，但是不能急，得酝酿几天。因为事情刚发生，大家都还没有时间去消化，所以我就把这个事情搁了几天，每天都正常上课，好像什么事都没有发生一样。我知道小俊的心里一定忐忑不安。

爱的阳光

到了第二个星期的星期五晚修，我把他叫出来，看他表情就知道，他觉得这次肯定会体无完肤了，我却很平静地问他："上星期五晚上你在哪里过夜的？跟谁在一起啊？"他开始的时候不太愿意说，我说："离家出走这样的事，要是上报学校，后果很严重的哦。"于是，他只好老老实实交代："一个人去了酒店，什么都没有做。"我说，是什么酒店，你都没有满18岁，怎么能开房啊，他说不知道。我就问："那酒店的名字是什么，在哪里？"他都一一做了回答。我又问："那你这一次为什么又晚归了？跟谁在一起？为什么你妈打电话给你，你不接，害得他们到处找你，你爸打你也是一时生气。"他说："我有回复短信给他们的。""那你回复了什么内容？""我晚点回。""那你跟谁在一起？""跟一个初中同学吃夜宵。""你跟他关系很好吗？他在哪里读书？""关系不是很好，他已经没有读书了。""那你觉得为了这样的一个同学，闹出这样的事情，值得吗？"他摇了摇头。我看他那么诚实，不再问他这方面的问题，而是从他的角度问了他一个很意外的问题："上星期五和星期六闹了一整天，你当时是不是有一种快感啊，觉得终于把心中的怨恨都发泄出来了。"他很意外地看着我，我也看着他："我很能理解你当时的心情，如果换作是我，我也会有这种快感，因为一直以来，你都觉得没有自由，心里面肯定充满了怨恨。你肯定想，我走了，就让你们急，看你们以后还敢不敢管我这么多，你当时是不是这样想的？"他更意外地看着我，觉得我怎么知道他的想法，我也看着他，他就不好意思地点了点头。"那你有没有想过，你这样做是在伤害世界上最爱你的人，他们应该成为你报复的对象吗？虽然你心里面有气，但是也不能用这种方式来发泄啊。你觉得你只是想闹闹而已，给他们点颜色看看，但是你有没有想过后果，且不说你这种行为是对亲人的伤害，你的父母开着车，满街找你，心情着急，又是凌晨时分，万一出了意外，你这辈子都不能原谅你自己，你说对不对？你肯定觉得你虽然没有接电话，我猜你当时是觉得没面子吧，但也回了短信，他们还这样，太过分了，是不是？但是你有没有从一个家长的角度看这个问题，这么晚了，你就回了几个字，没有说你在哪里，跟谁在一起，他们怎么能放心啊。你就不能多打几个字告诉他们你跟谁在一起，在哪里，干什么吗？除非你当时干的是见不得人的事，否则你完全可以说出来啊，不过我相信你不会，你当时就是不喜欢他们管你，你才这么回短信的。但是，你想想，如果当时多打几个字，根本就不会发生这种事情，你父母总会给你面子，不会真的知道你在哪里去直接把你揪回家吧。所以在这件事上，父母有不对的地方，但我认为关键的错误是你的处理方式不当，你说是不是？"他点了点头。

我继续说："其实，你跟你父母就处于一种恶性循环里面，他们过于爱护你，希望知道你是否安全，是否学坏，于是不停地对你进行监控。而你又觉得没有自由，不想什么事情都被管制，你觉得你应该有自己的隐私，他们越管制，你就越不想告诉他们你在哪里，干什么，就算告诉他们没什么事的情况下也这样。你越是这样，他们就越不相信你，对你进行更严厉的管制。这种恶性循环必须要解开，否则你们大家都不好过，都在伤害自己最亲的人。你是否有想过怎样打破这种恶性循环？"他很迷茫地看着我。"我觉得这个问题的解决首先应该从你的行为入手，他们不是很想知道你在哪里，做什么吗？那你就每次都主动告诉他们，让他们对你有信心，信任你，他们的管制也就会慢慢减少，你就会慢慢变得自由啦，这才是良性循环啊。"他有点怀疑地看着我。我说："不相信的话，你先试试看吧，老师什么时候骗过你。答应老师，以后遇到这种事情的时候千万不要再冲动，三思而后行。如果实在是很生气，你可以先回自己房间，让自己平静下来，但绝对不能一走了之，因为这是很不负责任的行为。如果他们在房间外面烦你，那你就给我电话，我跟他们说。你都这么大了，要学会如何处理事情更妥当，是不是？相信老师是站在正义的一方的，如果你没错误，老师一定会帮你解决的。能答应我吗？"小俊很感激地看着我，重重地点了一下头。

爱的交流

后来，我打电话给他妈妈，跟她长谈了如何去教育孩子的问题。因为我觉得要解开这个结，单靠教育学生是不行的，家长更需要教育。之前跟家长的沟通都不能收到很好的效果，这次发生这件事，我相信给家长的触动应该是很大的，我觉得教育的契机终于到了。在电话里，我告诉她："我很能理解你是多么爱你的小孩，希望他永远都平安，因为我也是母亲，但是，我们不能让这种爱成为孩子的负担，孩子总有一天要长大，总有一天会离开我们，我们要学会放手，父母不能永远照顾孩子，我们要教会他独立处理事情，他们需要时间和空间去做自己的事情，只要我们知道他是安全的，其实很多时候是可以放手的。在这件事上，他都已经发了短信告诉你晚点回了，说明他是安全的，只是有自己的事情要处理，那你为什么还要到处去找他呢？难道你真的希望在某个地方找到他，然后把他揪回家去？你有没有想过，如果真的这样做，他的颜面何在？他以后怎么在他的朋友面前立足？有时候，我们真的要从孩子的角度去看问题，要尊重他们的隐私。其实，你现在跟孩子的关系就像是手里的沙子，你轻轻地托着它，它就永远都在你手掌心，但是当你要抓住它，它反而会很快流走，你抓得越狠，流走得越快。你管得小俊越严，他就越讨厌你，越想离开你。这次离家出走事件就是一个很好的证明，如果你还不改变你对他的教育方式，那么下一次有可能就不是出走一天了。我们不能以爱的名义去伤害我们的孩子。其实小俊平时都很乖的，现在学习成绩基本稳定在班级前10名，你还有什么需要操心的呢，你又何必为自己和孩子自寻烦恼？有必要吗？多给点时间和空间给孩子吧。"电话的另一头是一段长长的沉默，我知道这一次的教育应该能收到很好的效果了。

爱的付出

这是一个独生子女家庭中比较极端的案例，但它却是现在很多独生子女家庭的一个缩影。

在独生子女家庭中，孩子只有一个，父母包括父母的上一代甚至再上一代，在对孩子万般宠爱的同时，也对孩子的成长万般的阻碍和限制。表面上，独生子女很幸福，集万千宠爱于一身，但他们也有很多不为人知的痛苦。

案例中的小俊，就是典型的例子，父母虽然爱他，但却要清楚地知道他每一刻在哪里，在做什么，虽然他并没有做什么见不得人的事，但是总觉得永远都在监控下，透不过气来，终于就为了点小事爆发了。想一想，孩子以这样的方式发泄固然是不对的，但我们的家长又何尝没有错呢？世界上的职业基本都要持证上岗，唯独父母不需要持证上岗，很多父母根本不知道如何去为人父母、如何去教育孩子，于是就出现了各种各样的教育问题，这种教育问题在独生子女家庭中尤为突出。其实在孩子的教育中，家庭教育占了主要。

因此，我们作为班主任，不但要学会如何去教育学生，有时候还要学会抓住教育的契机去教育家长，给孩子时间和空间去成长，尊重孩子，多从孩子的角度去理解他们，不要以爱的名义去伤害我们的下一代。爱是要付出的，但不是盲目的付出，家长和老师都应该明白这一点，这样才能使我们的教育事半功倍。

善用心理效应对学生进行教育

【案例回放】

周同学是我高一的新生，报到第一天就格外显眼，因为197厘米的个子和超过200斤的体重，一个字——壮。他也是高一新生中入学成绩最低的学生，因为父亲是军人加分才能考到我们学校来。这孩子性格开朗，心地善良，就是有点坐不住，总是喜欢搞小动作吸引别人的注意，就是喜欢哗众取宠。平时倒没什么，上课比较多嘴，科任老师老是投诉。连主任都过来跟我说，你要好好看着他，他可能是你班首先出事的人。这不是吗？军训第一周就因为晚上睡觉吵闹被教官批评了，开学第一周也是因为晚上吵闹被宿管投诉了。我知道他本性不坏，只是有点小孩子气，还没长大，估计是独生子女的共性吧。

于是，我就找他聊天，跟他说：你这么高的个子，全校最高，已经非常吸引别人的眼球了，如果再这样哗众取宠，就有点过了，会让人觉得不舒服，要收敛一点，都快16岁了，稳重一点。他虽满口说知道了，但是我怕他过后还是那样。为了稳住他，就必须让他有事做，于是我让他担任生物课代表。果然，他有事做后，虽然每节课都蹦着来办公室一下，但是行为算是收敛了不少。

但是，好景不长，他那种贪玩的性格最终还是惹祸了。高一第一次段考前的晚上晚修下课时间，他太无聊了，居然突然把班上最瘦的王同学从后面抱起来然后重重地摔到地上。幸亏拍片出来，腰椎没事，王同学家长也比较通情达理，周同学家长负责了所有的医疗费用，事情才算处理好了。这次我要让他有个深刻的教训，否则他以后做事还是那样莽撞，完全不考虑后果。趁这个机会也给全班同学进行安全教育，平时安全教育的时候他们都心不在焉，觉得这些事情不会发生在他们身上。

段考结束后，其他班都放学了，我把所有同学集中到课室，同学们都一脸茫然，不知道发生什么事。然后我打出主题"珍爱生命，安全伴我行"，一看这主题，同学们都一脸不屑。我先播放监控视频，这下，同学们惊呆了，然后我让他们用纸独立写下自己的感受；再让他们分小组就"遇到这种事情，你会怎么做？如果你看到这个事情，你会怎么做"和"你觉得学校里还存在哪些安全问题，该怎么处理"这两个问题进行讨论；最后我让几个小组的代表分享他们的讨论结果。为了加深孩子们的安全意识，我分别从校园安全、交通安全、游泳溺水安全和网络安全四个方面去阐述如何才能做到"珍爱生命，安全伴我行"。从来没有一节安全教育课让孩子们能那么认真听，比任何时候的安全教育都来得有效。

而周同学全程低着头不说话。我知道这个时候，我不需要再跟他说任何东西，他已经深刻意识到他的错误了。所以，我再也没有在他面前提这件事，我也让他父母批评一次以后，不要再提这件事了。之后他真的改变了许多。后来，学期结束后他去了英国留学，放假前一个晚上，我们年级开1月份生日会，他当着全级师生的面说要感谢我的教导，让我很欣慰。

【案例分析】

在这个案例中，我们看到，一个孩子的成长不是一朝一夕能够完成的，有时候必须经历一些比较特别的事情。周同学的案例中，我用了及时的正面引导教育以及让他有事做的方法，虽然能让他收敛一点，但并不能让他从根本上认识到自己的问题。等到他真的闯下大祸后，我又及时地避免了过犹不及的超限效应，利用了无声效应，使得教育恰到好处，达到了非常好的教育效果。

想想，如果周同学在犯错后，家长和老师不断在他面前批评与唠叨，你觉得他会真的想去改变吗？超限效应告诉我们，凡事有个度。人会在受到批评后减少负罪感，他们会想，反正我都被那么多人批评过了，我受到该有的惩罚了，我不需要再自责和再去承担什么，所以过多的批评会起到反作用。俗话说，话到舌尖留半句。当觉得教育火候已经差不多的时候，你的沉默就是最好的信任，此时无声胜有声，教育效果会更佳。

当然，在这个案例中，我也及时运用了破窗效应去教育整个班级的学生。班级管理中，一个小小的问题行为没有得到及时的处理，这就会给学生们传递一个错误的信息：相应的规则是不必认真遵守的。遵从这个规则的人自然就会越来越少，最终积重难返。所以，这件事本来只是周同学一个人的错误，我却小题大做，把班上所有学生留下来，其实是希望做到防微杜渐，不希望安全教育成为班级的一扇破窗。

用关心和爱心让学生交出真心

【案例回放】

林同学是个活泼开朗的小女生，加上长得挺漂亮，一开学就受到很多同学的关注，也引起了我的关注。因为每天的自习课和晚修，她那个位置周围是最吵闹的。这其实是比较出乎我意料的，因为开学的调查问卷中，我就知道她是单亲家庭长大的，也跟她私聊过这个问题，我感觉这孩子性格开朗，而且很有自己的想法，似乎没有受到单亲的影响。

我开始只是全班口头提醒某些位置特别吵，不见效，然后就点名她和周围的几个同学，效果还是不好。因为她周围的同学中有两个班干部，因此，我找那两个班干部了解情况，他们说他们是她的好朋友，他们也不想说话，但是林同学总是骚扰他们，搞得他们也没办法。为此，副班长，她的好朋友之一，在周记上写了长长的一段话，告诉我情况。看来问题出在她的身上。于是我找她出来私聊，问她是否知道这样做违反课堂秩序，影响别人学习。她只是一直低着头不说话，然后就答应以后不再犯了。之后确实收敛了不少，很多时候班上自习课吵闹，我看监控，基本都不是她的位置。然后第二周副班长写上来的周记又是长长的一篇关于对她的看法，他说她知道他写了周记告诉我，生他的气了，然后他说知道她是单亲，希望能给予她帮助，让大家都关心她，但是她现在误会了。我得找个机会，跟她好好谈谈。但是由于那段时间实在太忙，一下子就忘了这个事情。

第一次段考后，班里的自习课又开始吵闹了，其中很多班干部反映，她不但自习课说话，还传纸条。于是我找到接收纸条的女同学，从侧面提醒她要注意跟林同学的关系。后面传纸条和吵闹少了，但是林同学似乎对我有意见了，看我的眼神都有点不一样。于是我再找她长聊了一次，这次我把副班长的两篇周记给她看。她看完后，哭了。然后我问她的感受，她说其实她很在意别人看她的眼光，她很在意自己没有爸爸，想不到大家这么关心她。她还说我上次跟另一个女生说注意和她的关系，她觉得我要其他同学孤立她。于是，我给她解释，是因为她们关系太密切了，课堂上还传纸条，我是提醒她这个而已。这次，她终于对我说了很多很多，包括她对学习没有信心的原因。我和她还有她跟其他同学的误会解开了，我跟她分析她的优势，并鼓励她绝对有能力把成绩提高，她也答应会尝试努力。

但是，行为习惯没有那么快改过来的，在接下来的一个星期里，她三次榜上有名：在晚修期间看课外书，下课期间跟男生追打，宿舍扣分超过6分。当我在班会课提出这些问题的时候，她腼腆地站起来，坚定地向全班保证：老师，放心，这些事情不会再有！

知道了家庭教育可能对她的影响比较大，我联系了她的家长。她妈妈告诉我，林同学从小没有爸爸，就很在意别人的眼光，也很敏感，但是也很懂事，知道妈妈很辛苦，她尤其在意老师的关注。她说初中一开始她成绩很好，但是由于初二的级长听了别人的言语后怀疑过她的成绩，所以她就破罐子破摔，真的不学了，成绩才变成现在这个样子。我终于明白了林同学为什么老是去骚扰别的同学，她是希望得到别人的关注，希望有存在感，只是用错了方法。于是，我让她妈妈多鼓励她，我也会在学校好好关注她的。

之后，我注意观察她的表现，一发现她表现好就马上把她的进步放大表扬。一段时间后，她的行为习惯确实进步不少，成绩也在第二次段考进步了20名。我继续鼓励她，发挥她的长处，让她在我班元旦文艺表演合唱节目中担任主唱之一。她果然不负所望，带领我班取得了二等奖的好成绩。她也对我越来越敞开心扉，有什么心事都找我聊，还很体谅我。在学期末最后一天的拉练中，我们一起走了很长的路，然后一起聊了很久，她现在完全信任我并把我当成好朋友了。

【案例分析】

赫洛克效应告诉我们：表扬比批评强，批评比忽视强。案例中的林同学在班上成绩中等，是那种"有我不多、无我不少"的中等生，而这种学生，只要你给点关心她就会改变。在林同学的教育过程中，我认真倾听和疏导并且理解与鼓励她，让她知道老师在关注她，她就不会再不断用骚扰同学的方式去引起别人的关注，行为习惯就会慢慢变好。所以，作为班主任，要多关注这部分学生，用关心和爱心去促进他们的成长，他们才会向你交出真心。霍桑效应也告诉我们：额外的关注会提高成绩。所以，我们也应该尽量让学生感受到我们对他们的额外关注，这样更能提升学生的各方面能力。

离异家庭问题孩子如何教育

【案例回放】

黄××，男生，高一，入学成绩处于班上的中上水平，性格孤僻，但很要面子，在班里基本不说话，什么事都表现出无所谓的态度，老师批评他懒散不认真，他往往就是一句"我就是那样的啦"，让你觉得很恼火，但是又拿他没办法。

他从小父母离异，开始跟母亲一起生活，后来母亲为了工作又不得不让他跟父亲一起生活。他非常在意别人说他父母离异的事，也怨恨当初母亲把他遗弃，怨恨父亲跟母亲离婚，但他也知道母亲和父亲都非常疼他，心里对父母的感情都是很矛盾的。他母亲在前两年再次结婚了，但父亲一直没有再娶。

初中的他一直沉迷网络游戏不能自拔，经常一天十多个小时在打游戏。初二的时候，曾经有一次他爸爸用比较严厉的方法阻止他打游戏，他冲到楼顶想要做过激行为，幸好他爸爸反应快把他拉住了。之后社区的义工就定时到他家为他做心理辅导，学校的老师也比较注意对他的教育。他本来就挺聪明的，所以就考到我们学校的高中来了。

由于学校规定不能带手机回校，所以现在的他周一到周五都不能玩游戏，但是周末回家他就非常放纵，一玩就是十多个小时，家长怎么说都没用。因为他有过过激行为，他爸爸总认为他有心理问题，所以不敢太强硬；他妈妈更是因为对他有愧疚，对他百般迁就，更说不通他了。上学期由于他在宿舍里违反纪律，被停宿一周，鉴于他的情况特殊，我特别约见了他的父母。但是我很快发现，对他的教育，靠他的父母是不可能的。最要命的是，他父母一直互相诋毁，都认为孩子的问题是对方的错误教育方式造成的。所以对他的教育，他父母是靠不住的。

上学期还好一点，他周末回去就算再怎么玩手机，都会留几个小时做作业。但是这个学期一开学，他就不干了，他爸爸打电话过来说他一直拿着手机，让他做作业不听，一直到上学都没有做作业。然后他爸爸告诉我，他每个星期其实都偷偷带手机回校，如果被宿管知道了，估计又要停宿了，他爸爸怕他到时候又会做出过激行为，为了避免他压力大，想让他转去读职中。我首先跟他爸爸说，转去职中是可以的，但是如果他去读职中还是这个样子，不就是等于浪费三年时间吗？如果不能改变他现在的状况，还不如休学一年，去找专业的心理医生辅导，单靠社工和学校的心理老师不够。他爸爸说跟他商量一下再说。

鉴于黄××的情况，我晚修期间把他找出来聊天。我问他是不是带了手机回校，他承认了，我说如果被宿管抓到怎么办？他说不会的，我说，常在河边走哪有不湿鞋。他不说话。我再问他是不是想去读职中，他说过一个学期再说，我说再过一个学期就转不了了；我问他要不要休学一年，重新读高一，他说不想。我说这个不是你想不想的问题，你家长都认为你有心理问题，所以整天玩手机，性格相当暴躁，不做作业，就算你不想，我也会建议家长让你休学去看心理医生。他开始有点害怕了，不说话。这时，我直接就戳穿他了：你总是利用父母爱你这个弱点为所欲为，其实你根本没有心理问题，我很清楚，你只是以这个作为威胁父母的手段，你利用父母对你的愧疚，让父母百般迁就你，但是我不会迁就你。既然你父母认为你有心理问题，我会让你父母帮你休学，然后带你治疗好再回来，除非你答应我的条件，不带手机回校，而且放假每天玩手机不能超过四个小时。他知道自己骗不过我，但是又不想妥协，于是说，就算我答应你，你也不知道我有没有遵守啊。我说我会让你家长监督你的，而且我也很了解你，你最爱面子了，也讲义气，答应的事情会做到的。他不吭声，说明我说到他的心坎里了。我进一步重申，两条路，要么休学去看心理医生，要么答应我的条件。他就开始讨价还价了，说明他是不愿意休学的。经过一轮的思想教育，我们终于达成协议，以后不带手机回校，放假每天只能玩五个小时手机。

【案例分析】

面对这种父母离异家庭的问题小孩，要详细了解分析家庭背景，找出问题的症结所在，然后确定用什么方法去处理。案例中的黄××，父母因为觉得愧疚，总以为他有心理疾病，对他百般迁就，而他不但不会感恩，反而利用父母的这个弱点，肆无忌惮、变本加厉地要求父母满足他的欲望，甚至要求父母周末一定要住在一起。这样的离异家庭的问题小孩不是缺爱，而是爱太泛滥了。对于这样的孩子，作为班主任，我认为不应该迁就和纵容，而是应该单刀直入地指出他的不足，并提出要求，不能让他再这样放纵自己。

引导内向胆小的孩子走向进步

【案例回放】

廖××，女生，高一，入学成绩一般，第一次离家住宿，性格内向怕事，不敢与别人交往，下课安静地坐在座位上，上下学都是一个人走路，而且做事慢慢吞吞的，每次上体育课、实验课、开会，总是走在班级的最后面，而且落后很远。不单这样，她在宿舍里面也是一个人，几乎不跟同学聊天，每天走得最迟，回来最晚。就因为这样，虽然她性格很温和，但是几乎没有一个朋友。开始大家没什么冲突的时候，还是相安无事的。但是她的奇怪行为越来越让同宿舍的女生不解，她们一直忍着，没怎么批评她，也没有向我反映情况。直到一个星期五下午，廖××的母亲打电话给我说她女儿星期五晚上要请假回家（一般情况下，学校规定住宿生星期六早上才能回家，没有特殊情况，不允许星期五晚上请假）。我询问原因才知道，她跟宿舍的同学积压的矛盾并不少。当天中午，廖××很不开心，打电话给她妈妈让她妈妈到宿舍去。她妈妈不知道是怎么回事，一到宿舍，廖××就对着她妈妈哭，吓到了她的妈妈。后来母女俩到了个安静的地方聊，她妈妈才知道她跟宿舍的同学相处不来，很不开心。她觉得全宿舍的同学都孤立她、欺负她，吵着要到外面租房子住，否则就不读书了，所以她妈妈才打电话给我请假。

我详细地跟她妈妈聊了很久，知道了站在廖××角度，她是怎么看待跟舍友之间发生的矛盾的。我尽量安抚她妈妈焦虑的心情，把廖××单独叫出来，询问情况。她开始的时候一直不说话，就低着头，听我跟她讲"人长大了要学会跟别人相处，不能一遇到困难就退缩"的道理，最后她还是坚持当晚要回家，因为不开心。考虑到她现在这种状态，我批准了她的要求，但是我要求她星期天晚上必须跟我解释清楚。

当晚，我找了她们宿舍里平时比较乖巧的几个女生了解情况。得到的信息跟廖××所讲的大不相同。当提到为什么要欺负廖××的时候，她们都蒙了。同宿舍的同学都觉得没有欺负她，而且一而再，再而三地迁就她，就算是她做了比较过分的事情，大家要么忍着，要么很温和地跟她提出来。当天中午，她们也不知道她为什么会突然哭，还以为她不舒服。她们根本不知道廖××居然觉得她们在欺负她，她们也很生气。我先安抚了这些学生的情绪，然后找了班长过来了解女生宿舍那边的情况。我觉得思路有点乱，于是打算先静下心来厘清一下思路再处理。

到了星期天的晚上，廖××给了我一封她写的信。意思大致是说宿舍的问题都是自己不好，自己会努力改正的。星期一早上，她们宿舍的两个代表也给我写了一封信，陈述了廖××在宿舍里面的行为和她们的态度。信里说，廖××经常晚修后在关灯前才回来，然后关了才去洗漱，洗漱完就开应急灯做作业，害得她们宿舍老是扣分，宿管已经说过她好多次；廖××在宿舍收错校服，当她们说丢校服的时候，她不说，直到别人在她的衣柜里找到质问她，她都不吭声；廖××在宿舍做了坏事也不敢承认，比如说把厕所弄堵塞了……她们觉得她们一直都在容忍她，结果反过来廖××却说她们欺负她，她们很生气。为了消消她们的气，我把廖××写的信给她们看，并且跟她们讲道理，廖××性格内向胆小，作为同学应该多给她关爱和包容，大家有缘聚在一起，是缘分，所以大家要帮助她改正过来。在我的循循教导下，她们终于答应放下心里的怨言，多给她包容，并且愿意帮助廖××改正。

最后，我找廖××过来，慢慢跟她聊天，问她为什么做了坏事不敢承认，同学们其实一直都很包容她，她要多跟别人沟通，多把心里话说出来，大家都是同学，没关系的。然后我表扬了她的优点：学习认真，态度端正，就是做事稍微拖拉，她这样的学习态度，成绩一定会提高的。经过一番长谈后，她的心结终于打开，她愿意多做尝试改正自己的不足。

在以后的学习生活中，我就比较留心观察她的行为表现，一发现她的优点就马上放大表扬。家长会专门把她和她的家长留下来，表扬了她的进步，对她提出要求。她变得越来越开朗了，跟同学的相处也越来越融洽。上学期期末考试中，她从原来入学的168名上升到了55名，有了相当大的进步。本学期还被语文老师选为语文科代表。现在她见到我都是微笑的，很尊敬、喜欢我的样子，让我特别有成就感。

【案例分析】

从这个案例中我们可以看到，对于这种性格内向胆小的学生，要有足够的耐性，当发生情况后，不能太急，要沉得住气，先让学生自己冷静下来，再慢慢从侧面了解情况，找到问题症结，对症下药，问题才能解决。而且，这类学生内向胆小，从来不敢在别人面前表现自己，但他们又非常在乎别人对他们的态度，所以一定要细致观察，从他们的一言一行中发现亮点，进行大力表扬。这样他们才感觉得到自己其实可以做得很好，老师是很看重他们的，他们才会有存在感，慢慢打开自己的心扉，跟别人交往，取得进步，否则，他们就会一直默默无闻下去，直到出现更大的问题。

5

第五篇

扎根课堂，实践感悟，提升班主任创造力

　　本篇内容主要围绕如何提升班主任创造力而展开，以主题班会课的形式创设学生喜爱且具有共情的班会情境，积极引导学生健康的亲情、友情及家国情等，为祖国培养合格的人才。相信通过阅读"无规矩不成方圆——格致班生日会暨班规的制定"等内容会有不一样的感受。

明确标准，提高效率

——"萤火班学法指导"教学设计

一、活动背景

今天的班会课活动是承接之前师兄师姐的分享而设计的一节主题班会课活动。主要是收上来的作业做得不尽如人意，所以，我必须告诉他们，做一件事的标准不是有没有去做，而是有没有做好，怎样才叫做好，怎样才能做好。

二、活动对象

高一学生。

三、学情分析

学生没有真正明白为什么要学习三十四枚金币时间管理法，觉得是为我而做的，所以很多同学带着敷衍的态度，有些听课的时候根本没有用心，所以写上来的都是计划，不是实施过程。而且很多同学还不知道什么情况才叫作高效完成，所以红色和绿色是随便填上去的。针对这种情况，我设计了本次主题班会课活动。

四、活动目标

1. 知识与技能目标

（1）通过展示交上来的时间管理表，知道自己学习上存在的问题。

（2）通过聆听《两个秘书的故事》，懂得"衡量一项工作完成的标准，不是有没有做过，而是有没有做好"的道理。

（3）通过回顾陈炳华师兄介绍的学习方法和学习费曼高效学习法，让学生知道如何做才能把学习做好。

2. 情感态度与价值观目标

通过活动，知道自己学习上的不足，并学会正视不足，努力改变。

3. 过程与方法目标

通过展示交上来的时间管理表、聆听故事、回顾师兄的学习方法和学习高效学习法，让学生知道自己的不足，并正视不足，努力改变。

五、活动准备

查找各种视素材，制作PPT。

六、活动形式

全体学生参与。

七、活动过程

（1）回顾时间管理法。

（2）展示学生交上来的金币管理表格。

（3）提出问题：上星期上完班会课后让你们做这个作业，还有十多个同学没有交上来，交上来的表格很多也是不符合要求的，很多同学把这个当作计划来做，还有同学没有按照半小时的标准来做，也没有按照效率涂成红色或绿色，说明我们的同学还不理解什么是三十四枚金币时间管理法。

这个金币时间管理，不是为了应付我而做的，如果你希望你有比较大的进步，你就认真把它完成，并且坚持下去，相信一段时间后，你会有很大的收获。

现在的问题是，我们的同学不知道怎样使用每一枚金币才高效，然后不确定到底是涂成红色还是绿色。

网课期间，很明显我们班的学习效果比别班差，因为每科的考试和作业反馈的情况都不好。有些同学说，老师，我都有按照老师的要求去做作业啊，我就不明白为什么我一做题就不会。我认为，最大的问题就是你们的学习效果。

那么，衡量学习效果的标准是什么？我们先来研究一下衡量一件事情是否做得好的标准。下面我们先来看一个故事。

（4）分享《两个秘书的故事》：由何同学负责朗读。

（5）学生讨论：从这个故事里，我们可以看到，这两个秘书的差别在哪里？衡量一项工作完成的标准是什么？

（6）得出结论：衡量一项工作完成的标准，不是有没有做过，而是有没有做好。

（7）学生思考：怎样才叫做好？怎样才能做好？

作业做完就行了？错的有没有订正？预习是不是随便看一下学案或者书就好？复习的标准是什么？概念定律都背下来了吗？……

（8）回顾陈炳华师兄的学习方法。

（9）介绍费曼高效学习法。

（10）总结：无论是什么办法，适合自己的就是最好的，但是，如果你现在的学习效率很低，还没有找到很好的学习方法，那你不妨试试别人的方法，这些都是大家公认的，已经得到很多人证实有效的方法。最后，希望大家记住要让自己真正学好的唯一方法是：明确标准，提高效率。

八、活动反思

作为班主任，需要及时指出学生在学习和生活中的不足，并想办法让他们加以改正。想让学生改变原来的学习模式，取得进步，从来都不是一蹴而就的。当一个新的学习任务发布后，推行过程中肯定会存在很多问题，所以需要班主任进行耐心教导，悉心指导。这个活动就是之前"疫情下的理想教育"活动后的补充教育活动，当然，后面还有一个"理想教育活动"，旨在能指导学生确定学习目标并且高效学习。三个活动相辅相成，达到比较好的教育效果。

九、实施效果与影响

1. 学生生成的成果

通过展示交上来的时间管理表、聆听故事、回顾师兄师姐的学习方法和学习高效学习法，学生有比较大的感触，知道自己的不足，且能正视不足，并下定决心努力寻找适合自己的高效学习方法。

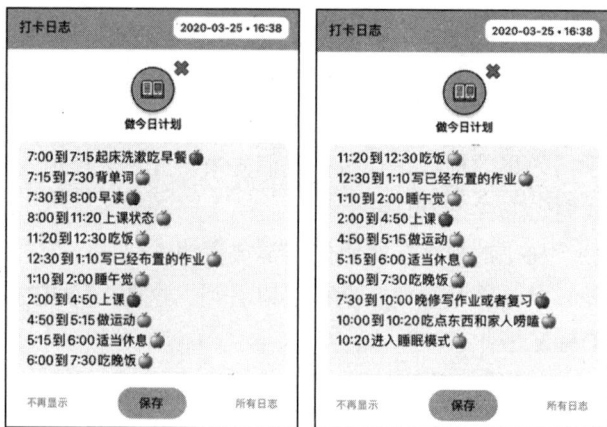

图5-1 曹××的时间管理表

2. 教学资源成果

美篇（略）。

无规矩不成方圆

——"格致班生日会暨班规的制定"教学设计

一、活动背景

虽然忙碌，但我还是记得一个月一次生日会，昨天中午匆匆忙忙去订了个五磅的蛋糕，准备开展生日会活动，并完成拖了很久的班徽选定和班规的制定任务。

二、活动对象

高二学生。

三、学情分析

开学快两个月了，但是班徽设计的选定和班规的制定任务一直没有完成，这会影响班级凝聚力的提高。所以，时机差不多成熟的时候，就要找时间完成这一任务。

四、活动目标

1. 知识与技能目标

（1）通过生日会，学生更热爱自己的班集体。

（2）通过班徽的设计活动，提升了学生的创造力。

（3）通过班徽的选定和班规的制定，发挥了学生的主人翁精神，学生自主管理的能力增强。

2. 情感态度与价值观目标

通过活动，学生更热爱自己的班集体，班级凝聚力增强。

3. 过程与方法目标

通过活动，提升了学生的创造力和自主管理的能力，增强班级凝聚力。

五、活动准备

蛋糕；礼物；学生提前整理好班规的资料，做成PPT；班主任收集学生班徽的设计，做成PPT。

六、活动形式

全体学生参与。

七、活动过程

（1）生日会：请出10月份出生的5位寿星，点蜡烛，唱生日歌，许愿，吹蜡烛，派送格致班独有的礼物。

（2）让参与班徽设计的同学讲述他们设计的图案以及含义。

（3）大家投票选出自己喜欢的设计（这个设计最后找广告公司进行润色，设计了班牌，并制作成徽章，每人一个）。

（4）班规制定开始。

① 公布汇总的结果。

② 全班同学进行讨论，用站起来的方式投票。

③ 整理大家通过的班规，然后打印出来，大家签名，一起执行。

八、活动反思

班徽、班歌和班规等是班级文化建设中必不可少的元素，但是对于不同的班级，这些元素的选择和制定会有所不同。所以，班主任需要根据班级的特点，做出不同的尝试，这样不但能提高学生的创造力和自主管理能力，而且班级的凝聚力会更强。

九、实施效果与影响

1. 学生生成的成果

从吴同学的周记中可以看出，这次活动对学生产生的影响是深远的，学生对自己更有信心了，更爱自己的班级了。

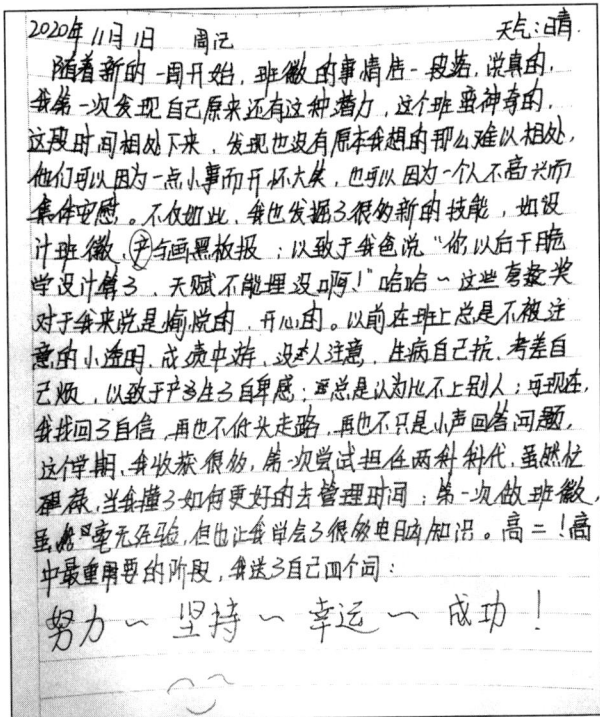

图5-2　赵×周记

图5-3　吴×设计

图5-4　班徽

图5-5　班牌

2. 教学资源成果

美篇（略）。

开启逆袭之旅

——"开学第一天"教学设计

一、活动背景

2019年8月25日，是我跟新一届高一的孩子们见面的第一天。为了这天的到来，也为了让孩子们更快地适应新的环境和熟悉新的同学，让他们有一个不一样的开始，我设计了这个活动。

二、活动对象

高一学生。

三、学情分析

刚踏入高一的学生，对新的学校和新的同学既陌生又充满着期待。他们既希望能尽快跟老师和同学熟悉，又担心自己不能适应，尤其是第一次离开家住宿的孩子，更是会战战兢兢的。如何让他们从一开始就对高中生活建立美好的愿景，并更快适应新的环境和熟悉新的同学，从而顺利开启高中三年的学习生活，是每一位高一班主任的首要任务。

四、活动目标

1. 知识与技能目标

（1）通过教师的自我介绍、祝贺和发见面礼，让学生更快认识班主任和学校。

（2）通过填写调查问卷了解学生家庭的基本情况以及学生的兴趣爱好。

（3）通过"倒金字塔"活动，在短时间内认识大部分同学。

（4）学生懂得用"尊重、宽容、站在别人的角度思考"去让自己的高中生活更快乐，更有意义。

2. 情感态度与价值观目标

（1）通过阐述见面礼的寓意以及老师的希望并展示数据，让学生认清自己在高中群体中的位置，并建立起对高中学习生活的美好愿景。

（2）通过教师的自我介绍、祝贺和发见面礼、提出希望，拉近跟学生的距离，从而顺利建立良好的师生关系。

（3）通过"倒金字塔"活动，让学生在短时间内建立初步的友谊，迅速消除学生对新学校和新同学的胆怯之情。

3. 过程与方法目标

通过教师讲解、"倒金字塔"活动，让学生从一开始就对高中生活建立美好的愿景，并更快适应新的环境和熟悉新的同学，跟班主任和同学建立了初步的友谊，给学生高中三年的学习生活创造一个好的开端。

五、活动准备

买好见面礼；把课室打扫得窗明几净；购买好水牌，并且打印好孩子们的名字放在每个座位的水牌里（设计名字背后需要填写的内容）。

六、活动形式

小组合作交流。

七、活动过程

1. 自我介绍并祝贺

祝贺词：祝贺各位成功打败50%的初三学生进入高中学习！

2. 分发礼物

每人两个棒棒糖。

3. 棒棒糖的寓意

（1）棒：棒棒的你们来到了新的学校、新的集体，即将开启一段新的成长旅程，祝福你们棒棒的。这里的棒包括三个方面：人品棒、身体棒、学习棒。

（2）甜：甜蜜的开端，甜蜜地相处，期待大家的高中生活是甜甜的！

4. 提出希望

希望大家三年后能打败70%的高中学生进入大学本科学习！

提问：为什么叫作逆袭之旅？

展示数据：目前，广东省90%的高中学生可以进入高一级学校就读，但本科学位占考生总数的30%左右，11%左右的考生能进入重点本科就读，2%左右的考生能进入"211"学校，能进入"985"学校的考生就更是凤毛麟角了。我们的状况是，在高中学生中我们处于中下水平，要改变目前的状况，我们必须开启艰苦的逆袭之旅，欢迎大家搭上高一（7）班列车！

5. 学生填写调查问卷

（略）

6. 破冰活动："倒金字塔"认识法

按数字分组：分成8组，每组6人；按颜色分组：分成5组，每组9人；按性别分组：分成2组。

7. 提出寄语

当然，我们在这三年中，不可能全是快乐，也不可能全是痛苦。冰心说："生命中不是永远快乐，也不是永远痛苦，快乐和痛苦是相生相成的。"怎样才能让高中三年中大部分时间是快乐的？尊重、宽容、站在别人的角度思考。我希望大家能记住这三点，做事从别人的需要出发，让咱们班多一分温暖，相信高中能够成为我们难忘而美好的记忆！

8. 布置作业

（1）军训期间完成卡片背面的填写。

（2）军训结束后上交一张自己的生活照片，要求必须有最灿烂的笑容。

（3）班徽设计——萤火班。

八、活动反思

高一的学生大多是独生子女，他们没有离开过家庭，对住宿生活既害怕又充满期待，他们一方面害怕离开父母不适应；另一方面又希望自己能更快独立。因此，在高一生活的第一天，作为班主任，有责任让他们有一个不一样的开端，于是，我参考了好多书，结合自己这么多年的教育教学经验，设计了这个活动，且很成功。

九、实施效果与影响

1. 学生生成的成果

学生们对我有了比较多的了解，相信用心负责的我已经深入很多学生的心里，为以后的教育教学工作打下了良好的基础；孩子们已经能叫出班上大部分同学的名字，同学间的友谊初步建立；更重要的是，他们明白现在所处的位置，懂得需要通过努力，通过"尊重、宽容、站在别人的角度思考"可以让他们的高中生活更快乐，更有意义，从而对高中的学习和生活建立了美好的憧憬。

2. 教学资源成果

（1）学生水牌后面的内容。

姓名：

座右铭：

爱好：

最喜爱读的书：

最擅长做的事：

我的新目标：

最喜爱的两句励志语（可自创）：（用于以后每天在黑板上书写）

1.

2.

（2）2019学年高一（7）班新生调查问卷。

姓名		户口所在地	
毕业学校			
兴趣爱好			
特长表现			
家庭成员			
家庭情况	1. 完整　　2. 单亲（①离异；②丧偶）　　3. 再婚		
曾任职务			
是否愿意为班服务，注明愿意当什么职务			
你对新班级有何建议			
你对新班主任有何期待			

（3）美篇（略）。

军训色彩

——"不一样的生日会"教学设计

一、活动背景

2019年8月28日，军训第三天，为了让第一次离家军训的孩子们有家的感觉，也为了给他们辛苦的军训生活增添一点快乐的色彩，缓解一下他们疲惫的身心，我特意为他们准备了一个集体生日会——8月份生的同学的生日会。

二、活动对象

高一学生。

三、学情分析

军训第三天，学生的心情已经从刚开始对住宿和军训的兴奋中回落下来，身体上的疲惫加上开始想家，肯定会出现低落的情绪。怎样缓解学生的这种情绪，给学生以情感的支持？集体生日会是一个不错的选择，它能让学生有家的感觉，也为了给他们辛苦的军训生活增添一点快乐的色彩，从而再一次振奋精神继续迎接后面艰苦的军训生活。

四、活动目标

1. 知识与技能目标

通过给8月份生的10名学生过生日，让学生懂得感恩父母，感恩师长，感恩同学。

2. 情感态度与价值观目标

通过集体生日会，让学生有家的感觉，给辛苦的军训生活增添快乐的色彩，让他们继续振奋精神迎接后面艰苦的军训生活。

3. 过程与方法目标

通过一起唱生日歌、许愿、吹蜡烛、吃蛋糕等活动，让学生有家的感觉，懂得感恩给予自己生命的父母，感恩给自己过生日的师长和同学。

五、活动准备

订好大蛋糕，邀请相应的科任老师和级长，跟年级报备，预约好集中时间（学生不知道为什么要集中）。

六、活动形式

全班共同分享。

七、活动过程

（1）规定时间在课室集中。

（2）请出10位寿星。

（3）点上蜡烛，全班一起唱生日歌。

（4）寿星们一起许愿，一起吹蜡烛。

（5）班主任给每个寿星一个拥抱。

（6）分蛋糕，全班和科任老师以及级长一起吃蛋糕。

八、活动反思

生日会，在学生住宿前，基本都是在家里过的，这样的集体生日会对于学生来说，往往是第一次，所以印象深刻，对学生建立班级情感有非常大的作用。所以，利用好这样的集体生日会，不但能让学生学会感恩，还能增进师生感情，让班级充满爱，充满欢乐，从而增强班级的凝聚力。把活动写成美篇，分享给家长，家长会感激班主任的用心，为后面建立更好的家校合作奠定了基础。

九、实施效果与影响

1. 学生生成的成果

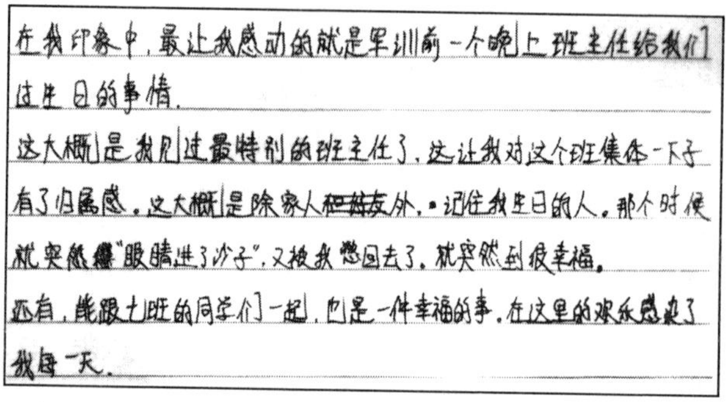

> 在我印象中，最让我感动的就是军训前一个晚上班主任给我们过生日的事情。
>
> 这大概是我见过最特别的班主任了，这让我对这个班集体一下子有了归属感。这大概是除家人和朋友外，记住我生日的人，那个时候就突然眼睛进了沙子，又被我憋回去了，就突然到很幸福。
>
> 还有，能跟七班的同学们一起，也是一件幸福的事，在这里的快乐感动了我每一天。

图5-6 "聆听心灵的颤动，我和全班同学谈恋爱"活动中蔡××的作业

2. 教学资源成果

美篇（略）。

了解自己

——"性格与职业"教学设计

一、活动背景

按照当初开学时的计划，今年的重点是开展生涯规划活动课。我对这个内容也不是内行，所以只能跟学生一起摸着石头过河。生涯规划的第一步是认识自己，所以我第一次生涯规划活动的任务是先让孩子们认识自己的性格，并知道自己的性格对应的职业方向。

二、活动对象

高二学生。

三、学情分析

高中的学生，基本都没有接触过生涯规划课程的指导，所以，对于他们来说，生涯规划是个新鲜的事物，他们是非常感兴趣的。另外，他们从来也没有思考过以后做什么工作，所以，这个课程对他们来说具有很大的指导意义，让他们开始思考自己未来的人生该如何走。

四、活动目标

1. 知识与技能目标

通过自我审视、他人视觉和量表测量，让学生了解自己的性格特点及相匹配的职业。

2. 情感态度与价值观目标

通过交流活动，学生学会欣赏并学习他人的优点。

3. 过程与方法目标

通过自我审视、他人审视和量表测量，让学生了解自己的性格特点以及对应的职业倾向，并让学生开始思考自己以后的人生方向。

五、活动准备

查找资料，制作PPT。

六、活动形式

全体学生参与。

七、活动过程

（1）展示两个故事：10个乡下人过河的故事和比尔·盖茨解决垄断诉讼的故事。

（2）提出问题：这两个故事要表达什么主题？性格与职业的关系是什么？

（3）得出结论：认识自我很重要，了解自己，我们才可以对自己未来的职业生涯进行规划。我们要了解自己，主要从性格、兴趣、气质、价值观几个方面入手，这节课先来了解性格与职业的关系。

（4）个人性格与职业要相匹配，我们才能更好地发挥自己的才能。如何去了解自己的性格特点呢？

自我审视：

① 展示李嘉诚的自我审视例子。提问：从故事材料里面，你体会到了什么？

得出结论：个人性格要与所选的职业相匹配。

② 现在，拿出笔和纸，写上15个陈述句描述自己，介绍自己的性格特点。（包括优点和缺点，不署名）

③ 把纸条全部收上来，在其中抽出几份分别让学生念出来，让孩子们猜猜纸上写的是谁，结果是只猜到一个同学写的纸条，说明我们的同学对自己的了解或是同学们对他的了解还不是太深。剩下的纸条我都交给了宣传委员，让他在课室后面的宣传栏上贴出来，加点装饰，题目就叫作"我心目中的自己"。

他人视觉：

拓展活动：四人一组说说其他三人是什么性格（外向、内向、趋外、趋内、综合型），并说出依据。同组同学判断是否准确。

量表测试：性格倾向测试。（张纪元《中学生职业生涯规划教学设计》第16~19页）

（5）课后作业：

① 适合自己的就是最好的（阅读材料）。

② 对照性格类型与职业方向，确定自己以后大致的职业方向，并在周记中写一写你对将来职业方向的想法。（张纪元《中学生职业生涯规划教学设计》第20～22页）

八、活动反思

生涯规划活动分为生涯认知、生涯探索、生涯决策和生涯准备四个方面。生涯认知是生涯规划的第一步，而性格认知属于生涯认知的其中一部分。做好生涯认知，才能为后面几个方面做铺垫。这节课，通过自我审视、他人审视和量表测试，能让学生更好地了解自己的性格特点以及对应的职业方向，并让学生开始思考自己以后的人生方向。

九、实施效果与影响

1. 学生生成的成果

经过第一节的生涯教育活动课，学生开始思考自己以后的职业方向，并且更充分了解自己的性格特点。

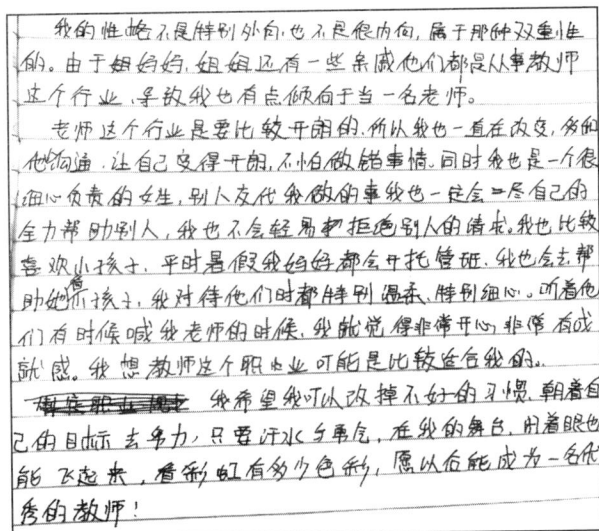

图5-7　冯××周记（一）

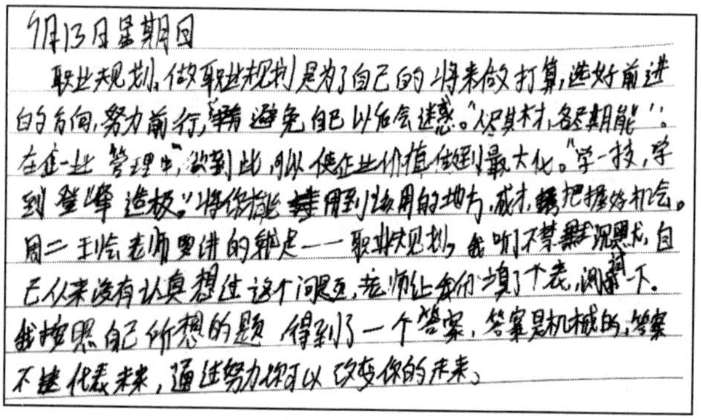
9月13日星期日

职业规划，做职业规划是为了自己的将来做打算，选好前进的方向，努力前行，避免自己以后会迷惑。"人尽其材，各尽其能"：在企业管理中，做到此可以使企业价值做到最大化。"学一技，学到登峰造极"：将你的技能用到该用的地方，成才，把握好机会。周二王老师要讲的就是——职业规划，我听了不禁思考，自己从来没有认真想过这个问题，老师让我们填了个表，测试了一下。我按照自己所想的题，得到了一个答案，答案是机械的，答案不能代表未来，通过努力你可以改变你的未来。

图5–8　冯××周记（二）

2. 教学资源成果

美篇（略）。

了解自己

——"气质与职业"教学设计

一、活动背景

选择自己喜欢的职业，关系到自己一生的幸福指数，今天讲述的专题是"了解自己——气质与职业"。

二、活动对象

高二学生。

三、学情分析

有了前两次生涯教育的经历，学生已经初步了解自己的性格和价值观，为了让他们更了解自己，我开展了"了解自己——气质与职业"活动。

四、活动目标

1. 知识与技能目标

（1）知道四种气质类型。

（2）通过量表、他人评价，了解自己属于什么气质类型。

（3）根据自己的气质类型，选择适合自己的职业类型。

2. 情感态度与价值观目标

通过小组讨论，发挥互助精神，让学生更准确地认知自己的气质。

3. 过程与方法目标

通过老师介绍、他人评价和量表测评，让学生了解自己属于什么气质类型，选择适合自己的职业类型。

五、活动准备

查找资料，制作PPT。

六、活动形式

学生讨论、分享。

七、活动过程

（1）介绍什么是气质。大部分同学都不知道气质是心理学的概念，都以为是生活中的概念。

（2）介绍气质与性格的区别，并介绍气质的四种类型以及对应的职业。

（3）学生做气质量表测评。（张纪元《中学生职业生涯规划教学设计》第33～36页）

（4）讨论及分享：四人一组，针对本组同学的气质类型谈谈未来想从事的职业，怎样才能更好地发挥自己的气质？

八、活动反思

气质这个词语，学生很容易跟生活中的概念混淆，所以，教师在讲述中一定要指出它们之间的区别。学生完成量表并进行讨论需要比较长的时间，但是，如果能让学生有充分的时间去讨论分享，效果会更好。

九、实施效果与影响

1. 学生生成的成果
学生的兴趣很浓，整节课气氛都很活跃。
2. 教学资源成果
美篇（略）。